EDUCAÇÃO INCLUSIVA
PERCURSOS NA EDUCAÇÃO INFANTIL

Laboratório de Estudos sobre o Preconceito-LaEP

CINTIA COPIT FRELLER
MARIAN ÁVILA DE LIMA E DIAS FERRARI
MARIE CLAIRE SEKKEL
ORGANIZADORAS

EDUCAÇÃO INCLUSIVA
PERCURSOS NA EDUCAÇÃO INFANTIL

Laboratório de Estudos sobre o Preconceito-LaEP

Casa do Psicólogo®

© 2008 Casapsi Livraria e Editora Ltda.
É proibida a reprodução total ou parcial desta publicação, para qualquer finalidade, sem autorização por escrito dos editores.

1ª Edição
2008

1ª Reimpressão
2011

Editores
Ingo Bernd Güntert e Christiane Gradvohl Colas

Assistente Editorial
Aparecida Ferraz da Silva

Editoração Eletrônica
Sergio Gzeschnik

Capa
Ana Karina Rodrigues Caetano

Preparação de originais
Ana Paula Ribeiro

Revisão Gráfica
Flavia Okumura Bortolon

Dados Internacionais de Catalogação na Publicação (CIP)
(Câmara Brasileira do Livro, SP, Brasil)

Educação inclusiva : percursos na educação infantil : laboratório de estudos sobre o preconceito LaEP / Cintia Freller, Marian Ávila de Lima e Dias Ferrari, Marie Claire Sekkel , organizadoras. — São Paulo : Casa do Psicólogo®, 2011.

1ª reimpr. da 1. ed. de 2008.
Vários autores.
Bibliografia
ISBN 978-85-7396-564-3

1. Educação - Brasil 2. Educação - Finalidades e objetivos 3. Educação especial 4. Educação inclusiva 5. Educação infantil 6. Integração escolar 7. Pedagogia I. Freller, Cintia. II. Ferrari, Marian Ávila de Lima e Dias. III. Sekkel, Marie Claire.

10-06135	CDD-379.260981

Índices para catálogo sistemático:
1. Brasil : Inclusão escolar : Educação infantil : Educação 379.260981

Impresso no Brasil
Printed in Brazil

As opiniões expressas neste livro, bem como seu conteúdo, são de responsabilidade de seus autores, não necessariamente correspondendo ao ponto de vista da editora.

Reservados todos os direitos de publicação em língua portuguesa à

Casapsi Livraria e Editora Ltda.
Rua Santo Antônio, 1010
Jardim México • CEP 13253-400
Itatiba/SP – Brasil
Tel. Fax: (11) 4524.6997
www.casadopsicologo.com.br

SUMÁRIO

Apresentação 7
Marian A. L. Dias Ferrari, Cíntia C. Freller

PARTE I - Aproximações Teóricas 17
Ambientes inclusivos para a Educação Infantil: considerações sobre o exercício docente 19
Marie Claire Sekkel, Ricardo Casco

O percurso da Educação Infantil para a inclusão: a infância na creche 39
Maria Letícia B. P. Nascimento

Educação Infantil e exclusão cultural 51
Cisele Ortiz

Igualdade e diferenças 59
Rinaldo Voltolini

PARTE II - Relatos de Experiência 77
Sobre abismos e pontes: entre a inclusão desejável e a possível 79
Solange Aparecida Emílio, Flávia Beillo Menaldo Cintra

Relato de uma experiência... 93
Marli dos Santos Siqueira, Maria Cecília Ramos da Silva Santos, Silvana Lumiko Yamabuchi

Grupos de sensibilização: uma experiência de identificação e envolvimento de educadores 105
Maria Cláudia Leme Lopes da Silva

A experiência do Grupo Ponte na inclusão escolar de crianças com transtornos graves 117
Marise Bartolozzi Bastos

Sobre os autores 125

EDUCAÇÃO INCLUSIVA: PERCURSOS NA EDUCAÇÃO INFANTIL

Apresentação

Marian A. L. Dias Ferrari[1]
Cíntia C. Freller[2]

O tema da educação inclusiva tem produzido debates, publicação de relatos de experiência, pesquisas e ensaios teóricos de forma crescente. Porém, a idéia de inclusão subjacente em tais ações, seja na educação, seja na sociedade, deve ser examinada com cautela. É preciso cuidar para que a educação inclusiva não seja apenas um novo modismo sustentado pelas práticas escolares e sociais cristalizadas, que ativamente contribuem para que nada seja de fato modificado. Sabemos que, no mundo orientado pelo consumo, até mesmo a educação pode se transformar em produto e que novos produtos muitas vezes não passam de novas embalagens para conteúdos há muito conhecidos. A oferta perversa da educação como produto a ser consumido, prometendo falsamente a entrada dos educandos na cultura e oferecendo, de fato, uma pseudoformação adaptativa, constitui-se, infelizmente, numa realidade a ser denunciada e combatida.

---

[1] Mestre e doutora em Psicologia pelo Instituto de Psicologia da Universidade de São Paulo. Docente da Universidade Presbiteriana Mackenzie e membro do Laboratório de Estudos sobre o Preconceito (LaEP).

[2] Mestre e doutora em Psicologia pelo Instituto de Psicologia da Universidade de São Paulo (IPUSP). Psicóloga do IPUSP, membro do Laboratório de Estudos sobre o Preconceito (LaEP) e da Associação Lugar de Vida.

Diante de tal ameaça, é preciso não perder de vista a função da educação como mediadora entre o indivíduo e a cultura das sociedades, auxiliando ativamente na construção das subjetividades e na plena formação dos indivíduos. Também é preciso atentar para o fato de que a sociedade orientada para o consumo é também uma sociedade produtora de excluídos dos mais diversos bens. Dessa forma, a educação inclusiva pode ser pensada de forma mais ampla do que apenas inserir e integrar alunos com necessidades especiais em escolas regulares.

Nossa concepção de educação inclusiva parte da constatação de que os problemas da educação no Brasil vêm se somando nas práticas e relações escolares excludentes e que a proposta de inclusão busca avanços na qualidade da cultura institucional, das relações e da subjetividade, culminando em ambientes mais inclusivos, capazes de construir uma educação de qualidade para todos. Uma vantagem marcante ao buscarmos fortalecer a prática da educação inclusiva é que tal proposta torna imprescindível a articulação coletiva do espaço escolar, uma vez que os medos causados pela ameaça de exclusão e pelo encontro com o significativamente diferente só podem ser enfrentados por uma ação conjunta. Uma vez que tais medos atingem a todos, devemos estar atentos para não depositar na figura dos especialistas a responsabilidade de, isoladamente, "decifrar" o diferente, afastando-nos de uma prática institucional em direção a uma atuação instrumental que prioriza aplicabilidades técnicas do conhecimento. Todos os saberes, sem distinção hierárquica, podem ser convocados e compartilhados para caminharmos rumo à educação inclusiva.

Ainda que tenhamos claro o objetivo da educação inclusiva, trilhar um caminho em direção à inclusão nos coloca diante de variadas opções que revelam não apenas diferentes orientações metodológicas, mas também diferentes concepções de educação. Trata-se de um campo que apresenta divergências sobre o que é considerado educação inclusiva, e isso se reflete nos termos utilizados.

Outro ponto a ser observado é a distância entre os educadores, pesquisadores e gestores da área da Educação Infantil e aqueles diretamente envolvidos com a educação inclusiva. Ora encontramos reflexões sobre a infância e o papel da educação infantil, ora deparamo-nos com produções sobre inclusão na educação em geral, o que aponta para a necessidade de um maior entrosamento entre os temas.

Foi diante desse cenário que o Laboratório de Estudos sobre o Preconceito (LaEP) e a Pré-escola Terapêutica Lugar de Vida ambos ligados ao Instituto de Psicologia da Universidade de São Paulo – Organizaram os seminários **Educação inclusiva: percursos na Educação Infantil**, na tentativa de congregar pesquisadores e educadores de ambas as áreas para refletir sobre concepções teóricas e práticas realizadas nesse campo, a fim de ampliar a consciência dos problemas e dos avanços em educação inclusiva na Educação Infantil. A primeira infância é um lócus privilegiado – uma vez que representa o início da formação escolar –, a partir do qual podemos pensar e praticar uma educação emancipatória.

Percebemos que a implantação de programas de inclusão na Educação Infantil parece já ter trilhado certo percurso – com mais de uma década de experimentações –, o que reforça a idéia de que a discussão sobre inclusão na educação deve necessariamente passar pela Educação Infantil, uma vez que ali as questões levantadas diante da diversidade e com o incômodo causado pelo encontro com o diferente constituem-se em situações já constantes, diferentemente dos outros níveis da educação.

A primeira infância, momento de vida em que os eventos sociais sociais começam a deixar suas marcas na personalidade, colabora para certa homogeneidade no olhar perante os bebês e as crianças, em que se ressalta a condição de dependência como uma importante característica da primeira infância. Acima de tudo, independentemente da presença ou não de alterações no desenvolvimento, bebês são vistos como belezas frágeis. Tais pressupostos podem ser considerados facilitadores da presença já antiga de alunos com diferenças significativas em seu desenvolvimento na Educação Infantil brasileira, quadro bem diferente dos demais níveis de ensino.

Outro ponto a ser examinado ao levantarmos hipóteses sobre a familiaridade da Educação Infantil com alunos cuja condição é desviante do padrão (seja ele anatômico, funcional ou social) é a própria concepção de Educação Infantil. Mesmo com a implantação dos Referenciais Curriculares Nacionais para a Educação Infantil (RCNEIs) na década passada, os freqüentes "esquecimentos" quanto ao repasse de verbas para creches e EMEIs por parte das políticas públicas revelam o pouco valor creditado à Educação Infantil pela sociedade, ainda confundindo-a com assistencialismo e vocação maternal. Dentro dessa perspectiva, o "acolhimento" de crianças significativamente diferentes se constituiria em mais uma expressão da função caridosa da Educação Infantil. Tais situações nos fazem crer que os registros das formas encontradas na Educação Infantil para lidar com a questão da inclusão podem e devem ser compartilhados, e esse também foi um fator motivador da realização do evento e da decisão em publicarmos as idéias ali compartilhadas.

Apresentação

O livro, assim como o seminário, é composto pela interlocução entre ensaios teóricos, aproximando os temas da Educação Infantil e da inclusão, e de reflexões derivadas de experiências inclusivas na prática escolar. O primeiro texto expressa as concepções dos organizadores do seminário com relação à educação infantil inclusiva. Os autores, Marie Claire Sekkel e Ricardo Casco, partem da discussão das determinações da sociedade atual na formação humana, com fundamentação na Teoria Crítica da Sociedade. Refletem sobre os impedimentos que podem resultar do processo de formação vivido pelos educadores ao lado do imperativo de promover uma educação humana para as crianças. Apontam, finalmente, para a necessidade de construção de um ambiente inclusivo na escola, explicitando alguns elementos necessários à sua constituição.

Em seguida, organizados num primeiro bloco, os ensaios de M. Letícia B. P. Nascimento, Cisele Ortiz e Rinaldo Voltolini abordam a infância e a questão ética da inclusão.

Em seu texto, Maria Letícia B. P. Nascimento discute a exclusão da própria infância dentro do mundo contemporâneo, apontando o quanto ainda é necessário percorrer até nos aproximarmos de uma situação de inclusão de todas as crianças na Educação Infantil. A autora reflete sobre as situações de exclusão que permeiam os dois termos: criança e creche. Relembra que em nossa sociedade o cuidado de crianças muito pequenas ainda é considerado tarefa feminina e que a entrada da mulher no mercado de trabalho demandou a criação de uma instituição que realizasse esse papel. Instituídas no Brasil com a finalidade de acolher crianças de trabalhadoras domésticas ou operárias e como alternativa ao abandono, as creches tornaram-se uma instituição desvalorizada desde seu surgimento.

A inclusão da creche na Lei de Diretrizes e Bases da Educação Nacional, em 1996, como primeira etapa da Educação Básica com a Pré-Escola, trouxe outro significado a essa instituição: ela deixa de ser vista como um "segundo lar" com característica assistencialista para tornar-se espaço de educação e cuidado para todas as crianças. Em seu texto, explicita-se que a dificuldade de acesso ao direito à creche constitui-se no início do processo de exclusão social.

Cisele Ortiz segue nessa mesma direção, denunciando que a Educação Infantil historicamente vem sendo desconsiderada quando da implantação de políticas públicas voltadas à infância. Afirma que os alunos filhos de trabalhadores de baixa renda travam uma verdadeira "luta" para obter acesso à Educação Infantil, cujo resultado muitas vezes é a primeira exclusão sofrida pelas crianças e por suas famílias. Reflete sobre estratégias que podem contribuir para melhorar a qualidade da Educação Infantil, como, por exemplo, programas de formação continuada nas instituições escolares, políticas públicas que atendam às necessidades específicas de organização, funcionamento e financiamento das creches e escolas, bem como trabalhos que promovam a formação constante e a valorização do professor, lembrando que eles também sofrem da exclusão cultural e a reproduzem com conseqüências para a formação de seus alunos.

Rinaldo Voltolini parte da questão ética da inclusão e propõe sustentar uma igualdade que respeite as diferenças como eixo paradigmático da chamada política inclusiva. Tal postura marca a diferença em relação à política anterior, dita "integrativa", cujo paradigma seria o de criar a coesão numa tentativa de normalizar o aluno significativamente diferente. O autor propõe a reflexão sobre a questão da diferença do ponto de vista ético, convocando tanto os aspectos sociais como individuais, em que a questão existencial é focada e o inconsciente levado em conta. Dessa forma, a educação inclusiva passa decisivamente por uma "implicação subjetiva" da parte de todos os envolvidos, não bastando para tanto considerá-la um conjunto de medidas legais e administrativas.

O segundo bloco é composto pelos textos de Solange A. Emilio e Flávia B. M. Cintra, pelo relato da atuação da equipe técnica da Secretaria Municipal de Guarulhos, de Maria Cláudia L. Lopes da Silva e de Marise Bartolozzi.

Solange A. Emílio e Flávia B. M. Cintra relatam suas experiências em educação inclusiva numa escola particular da zona Oeste da cidade de São Paulo. Ressaltam a necessidade da criação de um ambiente inclusivo na escola passar por uma postura ética e responsável. Para tanto, propõem uma revisão dos objetivos e métodos da educação, além do envolvimento de todos na proposta de uma sociedade inclusiva. Discorrem em seu texto sobre as adaptações curriculares, propondo novas formas de avaliar o aluno, o papel do especialista, bem como sobre a criação de espaços institucionais, em que os profissionais da educação possam compartilhar suas angústias e conquistas. A postura de permanente questionamento perante cada novo aluno e a atitude de assumir as dúvidas da equipe como pontos importantes para crescimento e melhoria da educação de todos ali envolvidos são marcas presentes no texto das autoras.

Marli S. Siqueira, Maria Cecília S. Santos e Silvana L. Yamabuchi, do Núcleo de Educação Inclusiva do Departamento de Orientações Educacionais e Pedagógicas de Guarulhos, relatam sua experiência em educação inclusiva por meio do trabalho em equipe interdisciplinar. Como objetivo, a equipe busca elaborar e implementar políticas para a educação inclusiva, pautadas nas diretrizes da Secretaria Municipal de Educação daquele município. Apontam como elementos fundamentais para tal tarefa a democratização do acesso e permanência do educando, a qualidade do ensino e a valorização dos profissionais da educação visando a uma democratização da gestão. As autoras apresentam um relato de caso em que o desafio consiste em ultrapassar o foco clínico-individual e conciliar a dimensão institucional-social com a questão educacional. Relatam a experiência de, em parceria com a escola, apostar no desenvolvimento de um aluno com deficiência, valorizando o saber das educadoras e propondo mudanças curriculares. O desenrolar e o desfecho da intervenção realizada pela equipe revelam a concepção de educação inclusiva daquele Núcleo como sendo uma ação transformadora cuja ocorrência é intrínseca ao trabalho em equipe multidisciplinar no qual todos são coletivamente interdependentes e responsáveis por todos.

A psicóloga Maria Claudia L. Lopes da Silva relata uma experiência de inclusão a partir do envolvimento dos educadores de uma creche universitária com uma proposta de grupos de sensibilização. Defende que a criação de um ambiente inclusivo se dá na medida em que o espaço institucional acolhe todos, inclusive os educadores. A autora defende que tal inclusão é fundamental para melhorar a qualidade das relações escolares. Aposta no grupo de sensibilização como uma alternativa que possibilita o posicionamento individual, um lugar de escuta, pensando que um ambiente inclusivo se forma a partir do reconhecimento das necessidades de todos que ali convivem. É a partir do grupo de sensibilização que se concretiza a construção da identidade do espaço escolar. Essa construção ocorre a partir de reflexões e discussões sobre os princípios norteadores da educação entre os próprios educadores, cuidando para que tanto o discurso coletivo como a singularidade de seus membros sejam preservadas.

Marise Bartolozzi Bastos relata a experiência do Grupo Ponte, que atua na inclusão escolar das crianças atendidas na Associação Lugar de Vida — Centro de Educação Terapêutica. Inicialmente, discorre sobre o tipo de trabalho, as instituições e as crianças que são ali atendidas, ressaltando o caráter interdisciplinar e a ênfase no desenvolvimento global da criança. Posteriormente, a autora detém-se num dos eixos da proposta de "Educação Terapêutica" que é o da inclusão escolar. É ali que o trabalho do Grupo Ponte se insere, acompanhando o ingresso e a permanência da criança na escola, além do suporte ao trabalho dos educadores por meio de grupos de discussão.

Embora partindo de diferentes concepções, vale ressaltar que as duas últimas autoras citadas insistem na importância do trabalho em grupo com a equipe de professores, o que nos leva à confirmação de que o caminho para a construção de uma educação inclusiva passa pelo diálogo entre esses profissionais.

A diferenciação dos textos deste livro em dois blocos, ao mesmo tempo em que reafirma a possibilidade de reflexão sobre o tema a partir de diferentes pontos de observação, não deve ser vista como uma separação entre teoria e prática. Ao contrário, a *práxis* escolar necessita tanto de reflexões disparadas por considerações teóricas e conceituais como das reflexões a partir da experiência cotidiana. É interessante pensar que, a partir de tal diferenciação, os autores aqui apresentados revelam também os modos pelos quais eles mesmos se incluem na discussão da educação inclusiva, uma vez que, partindo de diferentes pontos, todos os autores se incluem como participantes da atividade educacional.

PARTE I
Aproximações Teóricas

AMBIENTES INCLUSIVOS PARA A EDUCAÇÃO INFANTIL: CONSIDERAÇÕES SOBRE O EXERCÍCIO DOCENTE

Marie Claire Sekkel[1]

Ricardo Casco[2]

A busca da própria felicidade e a indiferença diante do sofrimento alheio são marcas importantes na sociedade atual. Adorno (1975) chama a atenção para a frieza presente em cada um de nós, sem a qual já não conseguimos viver nos dias atuais. "Hoje em dia qualquer pessoa, sem exceção, se sente mal-amada, porque cada um é deficiente na capacidade de amar." (p. 134). A frieza perpassa as relações humanas e é de fundamental importância para os objetivos da educação inclusiva que consideremos essas determinações. A ameaça de exclusão é intrínseca à lógica social baseada na competição, que perpetua a frieza e a necessidade de preconceitos.

A frieza e a incapacidade total de levar a cabo experiências humanas diretas (Adorno, 1995) são mediadas pela cultura opressiva

---

[1] Mestre e doutora em Psicologia pelo Instituto de Psicologia da Universidade de São Paulo (IPUSP). Docente do IPUSP e coordenadora do Laboratório de Estudos sobre o Preconceito (LaEP-IPUSP).

[2] Mestre em Psicologia pelo Instituto de Psicologia da Universidade de São Paulo, doutor em Educação pelo Programa de Pós-Graduação em Educação: História, Política, Sociedade, da Pontifícia Universidade Católica de São Paulo e membro do Laboratório de Estudos sobre o Preconceito (LaEP — IPUSP).

que favorece o surgimento da falsa projeção³, dinâmica segundo a qual o sujeito perde a capacidade de reflexão. A redução da capacidade de reflexão é um dos elementos que possibilita o desenvolvimento de personalidades preconceituosas. Não ocorre a distinção, no sujeito, entre o que lhe é exterior e suas impressões internas. A dominação social encontra sua contrapartida no rebaixamento intelectual dos indivíduos, na impossibilidade desses refletirem sobre os objetos e sobre si mesmos. A redução da capacidade de reflexão corrobora a incapacidade de individuação. Adorno (1973) comenta que "en una sociedad coisificada nada que no se haya a su vez coisificado puede sobrevivir" (p. 17). A racionalidade própria ao capitalismo tardio, que prima por classificar, ordenar e organizar o mundo do trabalho, tornou-se imanente ao próprio pensamento e circunscreve a lógica que rege as relações humanas. O pensamento coisificado tem como algumas de suas características o culto aos fatos e o apreço a estereotipia. São esses também traços próprios dos indivíduos propensos ao preconceito: apresentam grande dificuldade em se relacionar com quem não conseguem se identificar, com o não – idêntico.

Na sociedade atual, as formas de exclusão e as pessoas que dela são alvo variam significativamente: pobres, homossexuais, deficientes, negros, judeus, mulheres, obesos, idosos, entre outros. Todo aquele que pertence a algum desses grupos é alvo

---

[3] "Segundo a teoria psicanalítica, a projeção patológica consiste substancialmente na transferência para o objeto dos impulsos socialmente condenados do sujeito. Sob a pressão do superego, o ego projeta no mundo exterior, como intenções más, os impulsos agressivos que provêm do id e que, por causa de sua força, constituem uma ameaça para ele próprio. Desse modo, consegue livrar-se deles como uma reação a esse mundo exterior, seja imaginariamente pela identificação com o pretenso vilão, seja na realidade sob o pretexto de uma legítima defesa" (Horkheimer e Adorno, 1985, p. 179).

potencial de preconceito e de discriminação/exclusão. O preconceito é sempre uma defesa contra um sentimento de ameaça, que determina uma predisposição para agir frente a determinado alvo (pessoa, objeto ou situação), de modo independente da experiência. Assim, uma pessoa pode ter preconceito em relação aos negros sem nunca ter se relacionado com um negro. Como se trata de uma predisposição, o preconceito pode permanecer oculto e estar em contradição com a ação manifesta. O preconceito manifesta-se no indivíduo, podendo ou não se tornar evidente no comportamento manifesto, mas sua origem é sempre social. O contexto histórico e social é determinante sobre o desenvolvimento do indivíduo e produz as ameaças (reais ou imaginárias) que criam a necessidade de aderir a preconceitos, impedindo a reflexão e diferenciação do ego (Amaral, 1995; Crochík, 2006a).

A redução da capacidade de reflexão é a premissa da destruição e alimenta a paranóia social que o preconceito representa. Segundo Horkheimer e Adorno (1985):

> O eu que projeta compulsivamente não pode projetar senão a própria infelicidade, cujos motivos se encontram dentro dele mesmo, mas dos quais se encontra separado em sua falta de reflexão. Por isso, os produtos da falsa projeção, os esquemas estereotipados do pensamento e da realidade são os mesmos da desgraça. Para o ego que se afunda no abismo de sua falta de sentido, os objetos tornam-se alegorias de sua perdição encerrando o sentido de sua própria queda. (p. 179)

Os esquemas estereotipados do pensamento sobre a realidade são expressões subjetivas de processos sociais objetivados que organizam a vida social, a qual enfatiza a cultura que leva à regressão do espírito e à formação de egos frágeis. A formação debilitada do ego implica importantes repercussões na análise da realidade e constitui um dos elementos que incidem na formação de distúrbios psíquicos próprios de indivíduos preconceituosos e predispostos à submissão autoritária[4].

Os indivíduos relacionam-se de forma a corresponder aos imperativos do desenvolvimento do modo de produção econômico. Numa situação em que as condições objetivas que organizam a vida social são dadas *a priori*, o desenvolvimento social sucumbe à racionalização vigente. Nesses termos, para Horkheimer (1983): "a sociedade é comparável com processos naturais extra-humanos, meros mecanismos, porque as formas culturais baseadas em luta e opressão não é a prova de uma vontade autoconsciente e unitária. Em outras palavras: este mundo não é o deles, mas sim do mundo do capital" (p. 130). A sociedade, que deveria expressar a racionalidade necessária para o bem-estar geral, sucumbe aos processos naturais extra-humanos, as relações sociais são mediadas por interesses contrários à vida. As formas culturais tornam-se opressoras, expressões de irracionalidade da organização da totalidade social. Frente ao existente, os indivíduos sentem-se impotentes[5] e mantêm-se em

---

[4] Adorno et al. (1965, p. 136) compreendem a submissão autoritária como "(...) el deseo de un líder fuerte, la subordinación del individuo al Estado y demás (...)". Segundo os autores, os indivíduos sujeitos à submissão autoritária, geralmente, "acordaran que la obediencia y el respeto por la autoridad son las virtudes más importantes que deberían aprender los niños, que tenemos que acatar las decisiones de un poder sobrenatural, etc. (idem)". Outra hipótese postulada pelos autores assinala que "la sumisión autoritaria, sería, por lo común, una manera de dar salida a los sentimientos ambivalentes hacia las figuras de autoridad: ocultos impulsos hostiles y rebeldes, reprimidos por el temor, llevan al sujeto a exagerar el respecto, la obidiencia, la gratitud, etcétara" (idem).

[5] Sobre a impotência do indivíduo, Adorno (1995, p. 36) comenta: (...) a ideologia dominante hoje em dia define que, quanto mais as pessoas estiverem submetidas a contextos objetivos em relação aos quais são impotentes, ou acreditam ser impotentes, tanto mais elas tornarão subjetiva esta impotência".

situação de menoridade, conformam-se com a situação e "conseguem sobreviver na medida em que abdicam seu próprio eu" (Adorno, 1995, p. 43). Sobrevivem à medida que naturalizam e sustentam a autoconservação no ordenamento social existente, forjada segundo interesses de grandes corporações econômicas. As interdições econômicas e os apelos para a adaptabilidade social são transmitidas de geração a geração como verdades eternas que parecem expressar um destino coletivo imutável. Tais configurações incidem sobre as instituições responsáveis por formar as gerações para corresponder às formas de trabalho organizadas pelo aparato econômico. Assim, para Adorno (1995), a falência da cultura expressa-se sob a forma de relações sociais opressivas, também presentes no âmbito dos processos formativos escolares. Segundo o autor:

> Este fracasso é atestado também pela dupla hierarquia observável no âmbito da escola: a hierarquia oficial, conforme o intelecto, o desempenho, as notas, e a hierarquia não oficial, em que a força, o "ser homem" e todo um conjunto de aptidões prático-físicas não honradas pela hierarquia oficial desempenham um papel. (p. 111)

No âmbito das relações sociais que se dão entre crianças no interior das escolas, faz se notar algumas conseqüências da formação da dupla hierarquia. Na constituição da hierarquia oficial, o intelecto, o desempenho e as notas são importantes. Coie et al. (1985) indicam que as crianças mais populares entre os seus colegas[6] são as mais cooperativas e se destacam por serem líderes. Revelaram também que algumas crianças rejeitadas pelo

---

[6] Apesar de ter estudado crianças com as idades de 3, 5 e 8 anos, os autores não verificaram diferenças significativas no que se refere ao status sociométrico que se dão entre pares.

grupo eram consideradas por seus colegas crianças que pediam muita ajuda aos seus professores para resolver as suas tarefas escolares.

As atitudes preconceituosas em relação às crianças com deficiência mental parecem se inscrever na mesma lógica. Por serem identificadas como crianças que se situam na base da hierarquia intelectual, podem vir a ser rejeitadas por seus pares e por seus professores.

Por sua vez, a hierarquia não-oficial não é menos violenta. Os indivíduos com deficiência física, os julgados frágeis, descoordenados, gordos, que usam óculos, são, geralmente, vítimas da lógica que se utiliza de sua exclusão para se manter atuante[7].

Outra expressão da constituição da hierarquia não-oficial nas escolas é a popularidade que têm as crianças reconhecidas entre seus pares como habilidosas para jogos e brincadeiras durante o recreio (Reymond-Rivier, 1961). Ainda com relação à dupla hierarquia, tomando como base Horkheimer et al. (1973), foi possível argumentar, em outro trabalho (Casco 2007), que:

> A adaptação para a realidade compreende, talvez, o principal objeto dos esforços efetivados pelos processos formativos vigentes. A vida social segue um impulso binário, o sucesso e o fracasso delimitam os modelos que devem ser seguidos e rechaçados. Os comportamentos devem-se ajustar aos moldes que tendem a garantir a autoconservação na vida social danificada. (p. 53)

A cultura opressiva prima anacronicamente pela autoconservação e constitui a lógica que circunscreve as relações sociais fundamentadas sob o domínio do medo e da força

---

[7] A formação da hierarquia não oficial foi problematizada em pesquisa de Casco (2003).

coercitiva coletiva. A brutalidade com que enquadra o indivíduo em formas violentas de socialização, inculcando os comportamentos normalizados, decentes e racionais, é naturalizada no cotidiano das instituições. Os indivíduos imersos na cultura da violência expressam formas irracionais de escapar à ameaça da não-integração social e acabam por corroborar a manutenção da racionalidade que os aprisiona, racionalidade que se assenta em relações sociais excludentes e no menosprezo pelos mais frágeis. Irradiando a destruição levada a cabo cegamente, as expressões de exclusão social afastam o medo particular de ser o próximo alvo. Assim, os frágeis devem ser afastados, por vezes, humilhados e maltratados, pois, aos olhos de seus agressores, portam signos da adaptação malsucedida, da natureza não dominada.

A educação infantil inclusiva e a formação do professor

O atendimento a crianças com necessidades educacionais especiais nas escolas de Educação Infantil regulares deve ser concebido como benéfico para todas as crianças. Vários autores (Ainscow 1997, Mantoan 2006, Sánchez 2003, Sekkel 2003) têm apontado as vantagens desse convívio, tendo em vista situações de aprendizagem e de socialização para todas as crianças. A crença de que o convívio em grupos heterogêneos é benéfico para a formação humana deve ser considerada um princípio orientador. No entanto, é preciso ter clareza de que tal resultado não pode ser obtido de forma imediata, e devemos convergir esforços nessa direção. A formação dos vários sujeitos que participam da educação das crianças (pais, professores, profissionais de apoio ao trabalho pedagógico e outras pessoas da comunidade) é de importância fundamental. A instituição escolar deve esclarecer os pais quanto aos benefícios da proposta de inclusão, pois a ameaça (imaginária) de que a presença de crianças com necessidades especiais possa interferir negativamente, atrasando o ritmo de trabalho do grupo, ou trazendo algum outro tipo de prejuízo, pode se tornar um forte obstáculo à entrada ou permanência dessas crianças na escola. É na Educação Infantil que os pais estão mais próximos e presentes na escola, e esse é um momento precioso para propor situações de interlocução e reflexão. A condição de dependência das crianças é um fator determinante dessa proximidade. Muitas vezes, as crianças levam os familiares a rever posições sobre questões já cristalizadas — a perplexidade e indignação das crianças diante do sofrimento de homens, mulheres e crianças expostos nas ruas da cidade; os maus-tratos e abandono de animais; a irracionalidade no tratamento do lixo etc. suscitam intensos questionamentos, obrigando-os a trazer à consciência a frieza socialmente aprendida. Os filhos têm (em algumas circunstâncias) a capacidade de sensibilizar os pais para rever posições diante de questões sociais sobre as quais eles agiam de forma irrefletida há muito tempo (Sekkel, 1998).

Os objetivos da educação inclusiva dizem respeito a todos e devem recolocar a necessidade de construção de uma sociedade humana, identificando as barreiras que se opõem ao seu desenvolvimento. É importante ressaltar que (entre nós) os objetivos desencadeadores das propostas de educação escolar inclusiva têm como foco os alunos com necessidades educacionais especiais e, entre eles, principalmente os deficientes. Tendo esse foco como ponto de partida, as práticas inclusivas devem contribuir para iluminar as necessidades de todos os protagonistas das ações educativas que estão implicadas no processo educacional. Assim, se o professor se sente ameaçado por ter em sua sala alunos com necessidades educacionais especiais, é importante que esse sentimento de ameaça (que irá interferir na relação do professor com os alunos) possa se tornar consciente para o professor e ser objeto de reflexão. O enfrentamento dessas questões não é fácil e não deve ser minimizado. (Sekkel, 2003). O movimento de expor-se diante de si mesmo pressupõe a humildade e aceitação dos próprios limites e fragilidades (Amaral, 2003). Muitos não são capazes desse primeiro movimento, e isso é resultado, possivelmente, da forma como foram educados e adaptados à sobrevivência nas condições sociais vigentes.

As ações das figuras de autoridade que atuam como modelos identificatórios durante os processos formativos na primeira infância têm grande importância, segundo Adorno (1995), para que seja possível uma desbarbarização. Nas palavras do autor: "a dissolução de qualquer tipo de autoridade não esclarecida, principalmente na primeira infância, constitui um dos pressupostos mais importantes" (p. 167). Se a vida familiar e a vida escolar são momentos estruturantes na formação dos indivíduos, faz-se necessário conhecer a conformação dos modelos identificatórios atuantes nesses âmbitos da vida social para refletir sobre as possibilidades de se constituir formas de resistências às suas expressões irracionais. As experiências pelas quais o indivíduo passa durante a sua vida familiar, bem como a escolar inicial, são fundamentais. Adorno (1995) chama especial atenção para a inscrição de crianças no Jardim-de-Infância. O autor considera que:

A criança é retirada da *primary community* (comunidade primária) de relações imediatas, protetoras e cheias de calor, freqüentemente já no jardim-de-infância, e na escola experimenta pela primeira vez, de modo chocante e ríspido, a alienação; para o desenvolvimento individual dos homens, a escola constitui quase o protótipo da própria alienação social. (p. 112)

Já na primeira infância, a criança é colocada em instituições que corroboram a formação de indivíduos adaptados para viver em acordo com a organização social promotora de relações sociais violentas, as quais coadunam com a manutenção do *status quo*. Diante da alienação homogeneizadora promovida no âmbito da organização social, o autor considera a necessidade do exercício da educação crítica, em suas palavras:

> A educação crítica é tendencialmente subversiva. É preciso romper com a educação enquanto mera apropriação de instrumental técnico e receituário para a eficiência, insistindo no aprendizado aberto à elaboração da história e ao contato com o outro, não-idêntico, o diferenciado. (Adorno, 1995, p. 27)

A educação crítica é educação política. O conhecimento deve se orientar para favorecer o esclarecimento dos indivíduos sobre o complexo social que os mantêm apartados entre si. A educação deve se abrir para a integração do não-idêntico, do diferenciado, auxiliar a combater as formas reificadas de relações sociais estereotipadas e violentas. Se "as instituições organizadas (...) expressam as contradições da sociedade", como afirma Crochík (2006 b, p. 162), o potencial de resistência e as ações humanas, que se orientam no sentido contrário à "pressão do geral dominante sobre tudo o que é particular, dos homens individualmente e as instituições singulares" (Adorno, 1995, p. 122), devem ser enfatizados. Assim, é importante atentar para as influências que a vida escolar define sobre a vida dos indivíduos, sobre os quais exerce o seu poder, tendo em vista esclarecer aquelas que se orientam para o desenvolvimento de um clima cultural que se oponha à naturalização da barbárie — expressa nas instituções, entre outras formas, sob o signo da opressão individual e da exclusão.

Ainda que Adorno (1995) afirme que a violência, no contexto da cultura opressiva, aparece como o signo da inculcação no indivíduo da alienação social e na escola, entre outros responsáveis, "o agente dessa alienação é a autoridade do professor" (p. 112), assim, portanto, numa sociedade autoritária, as expressões de autoridade do professor seriam necessariamente, também, autoritárias. Não seria correto, todavia, afirmar que diferentes exercícios de autoridade professoral impliquem processos formativos comuns. Certamente, crianças educadas em ambientes autoritários tenderiam a agir de maneira distinta de outras formadas em ambientes democráticos. O estudo *A personalidade autoritária* pode contribuir com reflexões importantes sobre os impactos dos processos formativos autoritários na formação das personalidades propensas a aderir a receituários fascistas. Ainda que, em grande medida, as primeiras relações sociais – notadamente as familiares – sejam determinantes na formação da personalidade, o estudo sobre os fatores de situação – principalmente a condição econômica e os grupos sociais aos que se pertence (Adorno et al. 1965) – não são menos importantes.

Adorno (1995) considera que a "perpetuação da barbárie na educação é mediada essencialmente pelo princípio da autoridade que se encontra nesta cultura ela própria" (p. 166). No ambiente escolar, o professor pode ser considerado um mediador cultural, autoridade constituída socialmente, cuja função é formar as novas gerações para atuar na vida social. Assim, como os valores sociais veiculados nas escolas são freqüentemente mediados pelo exercício de sua autoridade, tal fato acaba por operar importantes implicações no que se refere à formação dos alunos. Por configurar uma autoridade constituída na sociedade opressora, sua função social é contraditória e problemática. Pois, como afirma Adorno (1995):

> A forma de que a ameaçadora barbárie se reveste atualmente é a de, em nome da autoridade, em nome dos poderes estabelecidos, praticarem-se atos que anunciam, conforme sua própria configuração, a deformidade, o impulso destrutivo e a essência mutilada da maioria das pessoas. (p. 159)

A ausência da reflexão necessária sobre os desdobramentos sociais do exercício de sua autoridade pode levar o professor – como produto da adequação – a agir em prol da manutenção da organização social que se apresenta contrária aos seus reais interesses. Se os professores atuam sem tomar consciência de suas ações, podem contribuir para a perpetuação da organização social que se orienta contrariamente à formação de indivíduos não propensos a aderir a receituários preconceituosos e autoritários. A forma como lida com seus alunos possibilita distintas experiências que devem ser constantemente refletidas.

A necessidade de um ambiente inclusivo

Cada educador (pais, professores etc.) é portador de vivências que o predispõem a agir de modos determinados e irrefletidos, cuja tendência é a repetição. As determinações sociais (expressão da lógica e dos valores que regem a sociedade) participaram (no passado remoto ou recente) da configuração dessas predisposições, como no caso da adesão a preconceitos. Diante dos objetivos da educação inclusiva, faz-se necessária a superação dessas expressões irracionais que produzem a exclusão em suas diferentes formas de manifestação (indiferença, discriminação etc.). É fundamental que cada educador reconheça em si mesmo a atuação desses mecanismos, a fim de iniciar o percurso que envolve a reflexão sobre os próprios sentimentos e formas de agir e a concepção da mudança em relação a elas. É possível que as emoções permaneçam inalteradas enquanto novas formas de agir são experimentadas. O tempo para a transformação de sentimentos não é previsível, e é importante conceber os sentimentos como produtos também das relações sociais vigentes. Esse percurso para a transformação dos sentimentos e concepções arraigadas nas formas de agir é doloroso, e obriga ao reconhecimento das próprias fragilidades; por isso, não deve ser feito sozinho. A ajuda e aceitação do outro é fundamental nesse processo. Daí a necessidade de um ambiente inclusivo.

O termo "ambiente inclusivo" pode ser compreendido como um ambiente em que crianças deficientes e não deficientes convivem ocupando um mesmo espaço. Nesse sentido, todas as nossas escolas regulares atualmente corresponderiam a "ambientes inclusivos".

No sentido aqui proposto, ambiente inclusivo "é aquele que tem uma **articulação coletiva** e uma **ação comprometida com o reconhecimento e busca da satisfação das necessidades de cada um**, a qual se inscreve no âmbito da **construção de uma sociedade verdadeiramente humana**, em que as **pessoas possam se diferenciar** e se desenvolver em **busca de felicidade**" (Sekkel, 2003).

Cabe retomar brevemente cada elemento dessa afirmação, a fim de melhor explicitá-lo. A articulação coletiva na escola é o primeiro passo para a construção do ambiente inclusivo. Essa articulação promove a participação de todos os envolvidos no processo educacional e a construção de uma identidade para o grupo de professores, coordenadores e funcionários. Criar condições para um grupo construir sua identidade não significa buscar que ele se torne homogêneo, pelo contrário, corresponde a garantir que diferentes falas, provenientes dos diferentes lugares que cada um ocupa na instituição sejam compartilhadas e respeitadas. A identidade resulta da tomada de consciência das diferentes participações que existem no grupo e torna possível a ação planejada e coerente com os objetivos institucionais propostos, levando em conta as reais condições e aspirações do grupo. O coletivo não existe apenas no momento em que estão todos presentes; o compromisso assumido com o grupo tem desdobramentos nos mais variados momentos do cotidiano da escola, e o diálogo interno de cada um com o grupo permanece presente. As ações entre pares, ou em pequenos grupos, a interação com os pais, e tudo que afeta o ambiente institucional deve ser partilhado no coletivo, nas oportunidades previstas para essa finalidade.

Consideramos três princípios necessários para a construção de um ambiente inclusivo: o cuidado, a confiança e a reflexão.

As ações com o objetivo de construção do coletivo se dão a partir da prática desses princípios. O cuidado representa o reconhecimento das necessidades do outro e o respeito com posições discordantes, que por vezes incomodam. É importante ressaltar que reconhecer as necessidades não significa o compromisso com a satisfação das mesmas, pois isso nem sempre é possível (ou mesmo adequado). A confiança é essencial para que as experiências possam ser compartilhadas e as críticas e dificuldades apontadas, sem que se convertam em ameaças e humilhações. Dessa forma, os valores assumidos poderão, em alguma medida, ser efetivamente vividos no cotidiano da escola. E por fim, a reflexão constante sobre as práticas coletivas e individuais permite que estas não se tornem repetitivas e promove a abertura à experiência (Sekkel, 2003).

Quando as necessidades são levadas em conta, mesmo que nem sempre possam ser prontamente atendidas, e o trabalho é valorizado, o profissional, a criança ou o familiar sente-se mais motivado e envolvido com a atividade em que está inserido, e passa a dotá-la de mais sentido. Verdadeiramente envolvido com o que está fazendo, tende a não apenas reproduzir suas ações de forma mecânica ou fazê-las "por obrigação", por obediência às regras, mas sente prazer em realizá-las e reflete sobre elas. A explicitação das diferentes formas de contribuição no trabalho educacional é um pressuposto do trabalho coletivo que tem a solidariedade como princípio imanente, e, por esse motivo, os resultados alcançados podem gerar sentimentos de realização, coragem e de verdadeira esperança em caminhar em direção a novos objetivos.

Exposta dessa forma, a proposta de construção de ambientes inclusivos nas escolas soa utópica e aparentemente descolada da realidade em que vivemos, marcada pelo individualismo e pela competição. No entanto, chamamos a atenção para a noção de **processo de inclusão**. Um ambiente *verdadeiramente* inclusivo não se constrói da noite para o dia, nem pela imposição de uma lei; é uma tarefa que exige compromisso com valores humanos e com a promoção de uma sociedade mais justa.

Cabe ressaltar que o movimento da história em que se insere a sociedade em que vivemos tem como base a contradição e que as reformas pedagógicas não devem ser pensadas separadamente das contradições sociais, pois nossas instituições e reformas reproduzem essas contradições, o que não as torna dispensáveis, pois contém também os elementos de superação das práticas que reproduzem (Adorno, 1995). Mesmo que todas as crianças fossem educadas pelo modelo inclusivo, o preconceito, a discriminação e a desigualdade social, características de nossa sociedade, não desapareceriam; no entanto, novos instrumentos para combatê-los seriam criados (Crochík, 2003).

Buscar construir um espaço em que a diferença possa ser acolhida não corresponde a negar as nossas dificuldades de relacionamento com os outros e os nossos preconceitos, mas, pelo contrário, admitir que esses sentimentos (que aparentemente se contrapõem a idéia da inclusão) existem, para que possamos refletir sobre suas origens e as formas de superá-los. O que deve motivar a inclusão é o desejo de promover uma sociedade humana, em que os direitos de todos sejam respeitados e cada um possa "individuar-se", respeitando a si mesmo e ao outro como diferente.

Outro ponto de fundamental importância em relação à promoção de um ambiente inclusivo é a construção da memória

APROXIMAÇÕES TEÓRICAS

institucional: o coletivo possui uma história, que pode e deve ser contada a partir do ponto de vista de cada um que dele participa (Sekkel, 2003). Os registros dessa história por meio de fotos, portfólios dos grupos, relatos orais e escritos, vídeos etc. dão visibilidade à diversidade de interpretações e experiências, possibilitando também que o grupo possa se conhecer e aprenda a se valorizar. Num ambiente inclusivo, todos são protagonistas do trabalho realizado, devem compreender os seus objetivos e têm o que oferecer. Assim, a contribuição de um profissional de apoio ao trabalho pedagógico é tão valiosa quanto a do professor com curso de especialização. O mesmo vale na sala de aula onde é importante, como aponta Jones (2005), desconstruir a predisposição a considerar os alunos deficientes (ou com dificuldades de aprendizagem) como aqueles que têm só a receber e nada a oferecer. Todos têm sempre algo para contribuir com o crescimento do grupo, mas nem sempre os professores, principais responsáveis pela valorização dos saberes na escola, estão preparados para reconhecer as diferentes formas de participação das crianças. A atitude mais comum é aquela pela qual o professor reconhece somente aquilo que de antemão está predisposto a valorizar, e permanece cego para outras possibilidades. A atenção é, segundo Simone Weil, uma forma de generosidade escassa nas relações humanas, que exige abertura e escuta diante das colocações do outro. Podemos pensar, de acordo com a autora, que tal atenção se contrapõe à indiferença e à frieza presentes na sociedade e, conseqüentemente, no ambiente escolar. A construção de um ambiente inclusivo propicia condições para que todos os envolvidos no processo educacional possam dirigir a atenção sobre si mesmos e escutar o outro. Ouçamos com atenção.

Referências bibliográficas

ADORNO, Theodor W. *La disputa del positivismo en la sociologia alemana*. Barcelona/México: D.F. Ediciones Grijalb, 1973.

_____. *Educação e emancipação*. Rio de Janeiro: Paz e Terra, 1995.

_____. FRENKEL-BRUNSWIK, E.; LEVINSON, D. J. e SANFORD, R. N. *La personalidad autoritária*. Buenos Aires: Editorial Proyección, 1965.

AINSCOW, M. *Educação para todos: torná-la uma realidade*. In: Ainscow, M., Porter, G., 1997.

AMARAL, L. A. *Conhecendo a deficiência (em companhia de Hércules)*. São Paulo: Robe editorial, 1995.

_____. *Resgatando o passado: deficiência como figura e vida como fundo*. São Paulo: Casa do Psicólogo, 2003.

_____. Sobre crocodilos e avestruzes: falando de diferenças físicas, preconceitos e sua superação. In: AQUINO, J. G. (Org.). *Diferenças e preconceito na escola: alternativas teóricas e práticas*. São Paulo: Summus, 1998.

CASCO, Ricardo. *As cicatrizes do corpo: a pedagogia esportiva nas aulas de Educação Física*. Dissertação de Mestrado, Instituto de Psicologia da Universidade de São Paulo, 2003.

_____. *Autoridade e formação: relações sociais na sala de aula e no recreio*. Tese de doutoramento. Programa de Estudos Pós-Graduados em Educação: História, Política, Sociedade. Pontifícia Universidade Católica de São Paulo, 2007.

CROCHÍK, J. L. Atitudes a respeito da educação inclusiva. In: *Revista Movimento*, v. 7, 2003.

_____. *Preconceito: indivíduo e cultura*. São Paulo: Casa do Psicólogo, 2006a.

_____. Nota sobre o texto "A teoria freudiana e o padrão da propaganda fascista", de T. W. Adorno. In: *Margem esquerda* — ensaios marxistas, n. 7. São Paulo: Boitempo Editorial, 2006b.

COIE, John D.; COPPOTELLI, Heide e DODGE, Kenneth A. Dimensions and types of social status: a cross-age perspective. In: *Developmental Psychology*. Washington, v. 18, n. 4, p. 557-570, 1985.

HORKHEIMER, M. Teoria Tradicional e Teoria Crítica. In: *Textos escolhidos/ WalterBenjamim, Max Horkheimer, Theodor Adorno, Jünger Habermas*. 2. São Paulo: Abril Cultural, 1983. (Os pensadores).

HORKHEIMER, M. e ADORNO, T. W. *Temas básicos da sociologia*. São Paulo: Cultrix, 1973.

HORKHEIMER, M e ADORNO, T. W. *Dialética do esclarecimento: fragmentos filosóficos*. Rio de Janeiro: Jorge Zahar, 1985.

JONES, P. Inclusion: lessons from the children. In: *British Journal of Special Education*, v. 32, n. 2, p. 60-66, 2005.

MANTOAN, M. T. E. Igualdade e diferenças na escola: como andar no fio da navalha. In: MANTOAN, M. T. E.; PRIETO, R, G. e ARANTES V. A. (org.) *Inclusão escolar (Pontos e Contrapontos)*. São Paulo: Summus, 2006.

SÁNCHEZ, P. A. *Educación inclusiva: una escuela para todos*. Málaga, Espanha: Ediciones Aljibe, 2003.

SEKKEL, M. C. *A construção de um ambiente inclusivo na educação infantil: relato e reflexão sobre uma experiência*. São Paulo. Tese de Doutorado, Instituto de Psicologia, Universidade de São Paulo, São Paulo, 2003.

_____. Reflexões sobre possibilidades e limites da educação inclusiva. In: *Boletim de psicologia* v. LV (122), p. 43-58, 2005.

O PERCURSO DA EDUCAÇÃO INFANTIL PARA A INCLUSÃO: A INFÂNCIA NA CRECHE

Maria Letícia B. P. Nascimento[1]

Inclusão e exclusão são conceitos complexos. Pensar os percursos da Educação Infantil para a inclusão, particularmente no que se refere à infância na creche, implica reconhecer esse espaço como direito da criança à primeira etapa da Educação Básica. Entretanto, os dois termos, "infância" e "creche", refletem situações de exclusão. Vejamos:

O termo "infância" etimologicamente significa "o que não tem voz"; aqueles que não têm voz são os que não participam, portanto, representam os excluídos. Philippe Áries (1981), no clássico *História social da criança e da família*, pontua que as relações sociais estabelecidas até a Idade Média faziam com que todos os que dependessem de algum tipo de proteção para sobreviver fossem chamados "meninos", como, por exemplo, os homens de baixa condição social. Mesmo considerando a invenção da infância, que, de acordo com aquele autor, data do século

---

[1] Doutora em Educação pela Faculdade de Educação da Universidade de São Paulo; docente da Faculdade de Educação da Universidade de São Paulo na área da Educação Infantil; membro do Grupo de Trabalho sobre a criança de 0 a 6 anos do Fórum Paulista de Educação Infantil.

XVIII, "a propósito da qual se construiu um conjunto de representações sociais e de crenças e para a qual se estruturaram dispositivos de socialização e controlo que a instituíram como categoria social própria" (Pinto e Sarmento, 1997), o lugar ocupado pelos pequenos e pequenas manteve-se com fase transitória, a ser superada, retratando a condição de imaturidade, de incompletude, de inacabamento conferida à infância, e a ação adulta de apressar – ou fazer desaparecer – essa etapa de vida. Nesse sentido, a infância parece conter em si a exclusão do mundo adulto, o confinamento em instituições específicas e a repressão a manifestações, condições que têm feito parte do cotidiano das crianças desde que a infância foi reconhecida como tal.

As crianças muito pequenas, excluídas do mundo escolar e do mundo do trabalho, tornaram-se um problema nas classes em que as mulheres – mães – faziam parte do universo do trabalho. Se o disciplinamento de crianças muito pequenas era tarefa feminina e se algumas mulheres tinham que ir trabalhar, deveria ser criada uma instituição que realizasse esse papel. Foram criadas as creches – espaços de controle e disciplina –, para minimizar o problema, na segunda metade do século XIX.

Instituídas no Brasil com a finalidade de acolher crianças filhas de trabalhadoras domésticas ou operárias e como alternativa ao abandono de crianças, tornaram-se uma instituição desvalorizada por sua natureza, o que parece evidenciado pelas expressões "substituta materna" ou "instituição pobre para os pobres". As crianças pequenas recebiam tratamento equivalente a essa condição, sendo preparadas para a subalternidade, como aponta Kuhlmann Jr (1998). Na maioria das vezes, atendiam a pequena infância de modo precário, o que as caracterizava como "instituição provisória, de emergência ou de substituição"

(Rosemberg, 1989, p. 91), "reforçando desse modo o estigma de que a creche constitui apenas um paliativo, um mal menor na experiência de vida de algumas crianças" (Op. cit., p. 92).

Somente com a Constituição de 1988 e a legislação subseqüente, podemos encontrar uma contraposição a essas concepções: entre os avanços sociais presentes na legislação, o reconhecimento da criança como alguém que *é*, e que, portanto, tem direitos no presente, e não no futuro, evidencia um novo paradigma na concepção de infância, com conseqüências sobre as práticas sociais e pedagógicas voltadas para as crianças pequenas. Além disso, a inclusão da creche na Lei de Diretrizes e Bases da Educação Nacional, em 1996, como primeira etapa da Educação Básica, com a Pré-Escola, trouxe outro significado a essa instituição: potencialmente deixava de ser o local onde se compensavam as carências afetivas, alimentares, culturais ou cognitivas das crianças advindas das camadas de baixa renda, para tornar-se espaço de educação e cuidado infantil. Em outras palavras, tornou-se contexto privilegiado de interação dos pares e com adultos, cuja função social é oferecer cuidado e educação, indissociáveis, à pequena infância. É a partir dessas duas novas condições que podemos pensar no termo "inclusão".

As crianças, contudo, são sujeitos marcados pelos contextos sociais e, em um quadro de desigualdade como o que vivemos, mesmo que os estudos teóricos na área da pequena infância, que as lutas políticas em defesa das crianças e que a própria legislação apontem para seu reconhecimento como sujeitos sociais de plenos direitos, na realidade são poucas as crianças que exercem seu direito à educação desde o nascimento.

De acordo com o Ministério da Educação (2005), "as crianças pobres, em sua maioria, não freqüentam a escola: (...) na faixa de 0 a 3 anos, 11 milhões de crianças existentes não freqüentam escola ou creche". A desigualdade de acesso, segundo Castro e Barreto (2003), é revelada a partir de dados que indicam que "se na classe de maior renda (acima de cinco salários mínimos *per capita*), 32,5% das crianças de 0 a 3 anos já freqüentam creche, na de menor renda (menos de meio salário mínimo), a cobertura não chega a 6%" (p. 9), ou seja, as crianças pobres nem mesmo têm acesso à instituição. Em outras palavras, quanto mais alto o rendimento médio mensal familiar, maior é o número de crianças freqüentando creches, conforme evidencia a tabela a seguir:

Taxa de escolarização de crianças de 0 a 6 anos, por grupo de idade e classes de rendimento médio mensal familiar per-capita em salário mínimo, segundo as Grandes Regiões, Unidades da Federação e Regiões Metropolitanas - 2002

Grandes Regiões, Unidades da Federação e Regiões Metropolitanas	Taxa de escolarização de crianças de 0 a 6 anos, por grupo de idade e classes de rendimento médio mensal familiar *per capita* em salário mínimo (%)					
	De crianças de 0 a 3 anos					
	Total	Até 1/2	Mais de ½ até 1	Mais de 1 a 2	Mais de 2 a 3	Mais de 3
Brasil (2)[AP1]	11,7	7,3	10,4	17,5	25,3	36,6
Norte (3)[AP2]	7,9	6,0	7,6	8,8	20,7	28,4
Nordeste	10,7	7,5	15,1	25,8	31,3	44,3
Sudeste	13,2	7,8	10,1	16,5	22,4	36,7
Sul	13,6	7,9	8,7	19,2	33,1	35,0
Centro-Oeste	8,4	3,2	7,4	9,6	19,6	34,2

Fonte: Indicadores Sociais, IBGE, 2002.

Entre as crianças pequenas que têm acesso à creche, uma pesquisa da Fundação Getúlio Vargas (Educação da Primeira Infância), realizada a partir de dados do censo demográfico 2000/ IBGE, informa que, em termos de gênero, há uma mesma porcentagem de meninos e meninas. Entretanto, em se tratando de cor/raça, os dados revelam algumas importantes diferenças:

Cor ou raça	População total	%	Público	Privado
Branca	7.119.353	10,32	4,35	5.97
Preta	565.667	9,48	6,42	3.04
Amarela	32.333	15,23	3,10	12,13
Parda	5.115.374	8,29	5,09	3.20
Indígena	64.687	3,90	2,62	1,28
Ignorado	133.326	6,72	3.93	2,79

O maior número de crianças é constituído pela cor branca (7.119.353), que representa 10,32% das que freqüentam creche, e está em maior número em instituições privadas (5,97%). Na seqüência, tem-se o grupo de crianças pardas (5.115.374), que representa um percentual de 8,29, e está em maior número em instituições públicas (5,09%), assim como as crianças negras (6,42%), que representam 9,48% das crianças que freqüentam creches. As amarelas, cujo número absoluto é bastante inferior aos grupos anteriores (32.333), percentualmente constituem um grupo privilegiado na freqüência às creches: 15,23%, particularmente as privadas (12,13%).

Ainda sobre o acesso, os dados preliminares do Censo Escolar da Educação Básica 2005, realizado pelo Inep, revelam um aumento no número de crianças com acesso à creche: das 7.204.674 crianças matriculadas na Educação Infantil em todo o País, 80,35% (5.789.543) estão na Pré-Escola e 19,65% (1.415.131) em creches. Acrescenta que houve um crescimento de matrículas nas creches, conforme a tabela abaixo:

Educação Infantil: Número de matrículas total em creches e na Pré-Escola – Brasil – 2003-2005

	Total	Pré-Escola	Creche
2003	6.393.234	5.155.676	1.237.558
2004	6.903.737	5.555.500	1.348.237
2005	7.204.674	5.789.543	1.415.131

Fonte: Inep/MEC

Tal crescimento em número de matrículas fica aquém do esperado. Se tomarmos como referência o Plano Nacional de Educação (PNE), de 2001, a meta de "ampliar a oferta de Educação Infantil de forma a atender, em cinco anos, 30% da população de até 3 anos de idade [...] e, até o final da década, alcançar a meta de 50% das crianças de 0 a 3 anos", fica evidenciada a defasagem no atendimento.

Por outro lado, a questão dos direitos da criança prevê não somente o acesso à creche, mas, principalmente, o direito ao acolhimento e a um atendimento com qualidade (Rosemberg, 2002). Nesse aspecto, recente trabalho apresentado por Fullgraf, Wiggers e Campos (2005) aponta que "os resultados das pesquisas mostram que as educadoras de creche têm dificuldade em superar as rotinas empobrecidas de cuidados com alimentação e higiene, incorporando práticas que levem ao desenvolvimento integral das crianças" (p. 13), além de constatar problemas advindos do financiamento público, concluindo que "persistem concepções restritivas quanto à melhoria da qualidade do atendimento, reforçadas muitas vezes por agências internacionais que procuram incentivar serviços de baixo custo" (p. 14). O estudo traz ainda que "as creches (...) geralmente apresentam maiores deficiências quanto ao prédio e aos equipamentos, nos aspectos de conforto, saneamento e adequação à faixa etária" (p. 14). É a essa situação de "qualidade" que está submetida grande parte dos 19,65% de crianças matriculadas nas creches.

Ainda que, do ponto de vista da legislação, tenham sido estabelecidas políticas nacionais de formação de profissionais da área e definidas políticas municipais de Educação Infantil e de projetos pedagógicos para essa etapa, visando à implantação de sistema de acompanhamento, controle e supervisão na forma de apoio técnico-pedagógico, "a superação de uma política assentada na perspectiva de necessidade e dos processos de exclusão só ocorrerá mediante um maciço investimento que de fato promova a qualidade do atendimento em instituições de Educação Infantil e não no desvio desse investimento para programas com qualidade questionável" (Rossetti-Ferreira; Ramon e Silva, 2002, p. 96).

Recentemente foi realizado um estudo sobre parâmetros de qualidade para a Educação Infantil, publicado em versão preliminar pelo MEC, em 2005, e em versão final, em 2006, que busca responder ao PNE e às diretrizes da Política Nacional de Educação Infantil (2006). A iniciativa busca "estabelecer uma referência nacional que subsidie os sistemas (educacionais) na discussão e implementação de parâmetros de qualidade locais" (2006, v. 1, p. 10). Há que se considerar que a publicação do documento é uma conquista, no sentido de qualificar a inclusão das crianças pequenas às instituições de Educação Infantil, mas não se pode esquecer que são 137.912 estabelecimentos, conforme Censo Escolar 2005, em mais de 5.000 municípios.

Em junho deste ano, o jornal *O Estado de S. Paulo* publicou dados preliminares de pesquisa realizada em quatro Estados brasileiros sobre a Educação Infantil, feita a pedido da Campanha Nacional pelo Direito à Educação, com organização de dados da Fundação Carlos Chagas. De acordo com a matéria, essa etapa da Educação Básica não parece ser importante para os pais, visto que "quase 40% dos pais entrevistados disseram que seus filhos – entre 0 e 6 anos – não estão na escola porque isso não é importante (18,3%) ou porque acreditam que eles são novos demais (19,6%)" (p. 15). Além disso, "24% dos pais disseram não conseguir lugar para seus filhos nos estabelecimentos". Em resposta ao que é importante em uma creche ou Pré-Escola, 92,5% dos pais e 94,2% das equipes escolares entrevistadas afirmaram que é cuidar bem da criança. Parece importante destacar que a pesquisa buscou ouvir as crianças, que indagadas sobre a mesma questão, colocaram em primeiro lugar os brinquedos e brincadeiras, em segundo, "comida: bolo, biscoito e chocolate", em terceiro, livros e historinhas e, em quarto, espaços limpos e bonitos. As crianças entrevistadas (254, cf. jornal) revelam aquilo que é básico em um atendimento de qualidade. Além disso, ouvir as crianças significa reconhecê-las como *sujeito de direitos*, conforme a legislação, principal instrumento para a consolidação desse novo paradigma da infância.

As conquistas sociais representadas por esse reconhecimento, contudo, contrastam com as representações sociais que acompanham a trajetória da infância na creche, que refletem o estigma da exclusão que permeia a instituição, ou quem dela se utiliza. Constata-se que os avanços estabelecidos nos textos legais parecem comprometidos pelas práticas sociais, pois, embora pesquisas realizadas sobre desenvolvimento e aprendizagem de crianças pequenas indiquem as vantagens da Educação Infantil para *todas* as crianças, a algumas é oferecido um atendimento de pior qualidade.

Como afirmei no início do texto, inclusão e exclusão são conceitos complexos. Os percursos da Educação Infantil para a inclusão estão permeados por situações graves de exclusão. Se a educação e o cuidado infantil oferecem condições que permitem à pequena infância exercer seus direitos como cidadã e, portanto, promovem a inclusão social, ainda são poucas as crianças que têm acesso a esse direito, ou seja, em grande parte dos casos, a creche tem sido a etapa inicial do processo de exclusão social.

Referências bibliográficas

ARIÉS, P. *História social da criança e da família*. 2. ed. Rio de Janeiro: Zahar, 1981.

Brasil. Lei 10.172. *Plano Nacional de Educação*. Diário Oficial da União. Brasília, 10 de janeiro de 2001, Seção I, p. 3-5.

_____. Ministério da Educação. Secretaria de Educação Básica. *Política Nacional de Educação Infantil*: pelo direito das crianças de zero a seis anos à educação. Brasília: MEC, SEB, 2006.

_____. Ministério da Educação. Secretaria de Educação Básica. *Parâmetros nacionais de qualidade para a Educação Infantil* (2°. vol.). Brasília: MEC, SEB, 2006.

_____. Ministério da Educação. Instituto Nacional de Estudos e Pesquisas

Educacionais Anísio Teixeira. *Censo Escolar 2005*. Brasília: MEC, INEP, 2006.

CASTRO, J. A.; BARRETO, A. R. Financiamento da Educação Infantil: desafios e cenários para a implementação do Plano Nacional de Educação. *Texto para Discussão* nº 965. Brasília: IPEA, 2003. Disponível em: <http//www.ipea.gov.br> Acesso em: jul. 2004.

EDUCAÇÃO DA PRIMEIRA INFÂNCIA. Pesquisa realizada pela Fundação Getúlio Vargas, 2005. Disponível em: <http://www.fgv.br/cps>. Acesso em: 12 jan. 2006.

FULLGRAF, J.; WIGGERS, V.; CAMPOS, M. M. *Qualidade na Educação Infantil: alguns resultados de pesquisas*. Trabalho apresentado na 28ª Reunião Anual da ANPED — GT 07. Caxambu, 18 p., 2005. Disponível em: <http://www.anped.org.br/28/textos/gt07/gt071303int.rtf>. Acesso em: 12 jan. 2006.

KUHLMANN JR., M. *Infância e educação infantil: uma abordagem histórica*. Porto Alegre: Mediação, 1998.

NASCIMENTO, M. L. B. P. Creches: caminhos de inclusão e de exclusão da primeira infância. In PEREIRA, B. R.; NASCIMENTO, M. L. B. P. (Orgs.) *Inclusão e exclusão: múltiplos contornos da educação brasileira*. São Paulo: Expressão e Arte, 2006.

O ESTADO DE S. PAULO, 5 jun. 2006, p. 12.

PINTO, M.; SARMENTO, M. J. (Coords.) *As crianças: contextos e identidades*. Braga: Universidade do Minho, 1997.

REVISTA CRIANÇA, n. 38, MEC, jan. 2005, editorial.

ROSEMBERG, F. 0 a 6: o desencontro de estatísticas e atendimento. *Cadernos de Pesquisa*, São Paulo, Fundação Carlos Chagas, Cortez, n. 71, p. 36-48, nov. 1989.

_____. Organizações multilaterais, Estado e políticas de Educação Infantil. *Cadernos de Pesquisa*, São Paulo, Fundação Carlos Chagas, n. 115, p. 25-63, mar. 2002.

ROSSETTI-FERREIRA, M. C.; RAMON, F.; SILVA, A. P. S. Políticas de atendimento à criança pequena nos países em desenvolvimento. *Cadernos de Pesquisa*, São Paulo, Fundação Carlos Chagas, n. 115, p. 65-100, mar. 2002.

EDUCAÇÃO INFANTIL E EXCLUSÃO CULTURAL

Cisele Ortiz[1]

A educação, como qualquer outro direito constitucional dos cidadãos brasileiros, não basta ser exercida, precisa ser exercida com dignidade. A Educação Infantil, primeira etapa da Educação Básica, há muito vem sendo desconsiderada na efetivação dos preceitos constitucionais. Não bastou ter sido promulgada pela Constituição em 1988 que a Educação Infantil era um direito da criança, assim como também não bastou que a LDB definisse que a Educação Infantil é a primeira etapa da Educação Básica e que, portanto, deveria integrar-se ao sistema de ensino do município. As crianças brasileiras, assim como as suas famílias, há muito sofrem com a precariedade do sistema público de ensino.

A primeira exclusão se dá no acesso. Se até hoje, passados dez anos da publicação da LDB, apenas 11% das crianças de 0 a 3 anos são atendidas em creche, há que se considerar uma omissão do Estado em prover esse direito. É fato, e legítimo, que a Educação Infantil é uma opção da família, já que não existe a

---

[1] Psicóloga, especialista em Educação Infantil, coordenadora do Instituto Avisa Lá — formação continuada de educadores — e-mail cisele@avisala.org.br

obrigatoriedade de que a criança freqüente esse nível de ensino e não há sansões para as famílias que não o usufruem. No entanto, para haver opção é necessário que haja oferta. Ninguém pode optar por aquilo que não existe.

As famílias literalmente "lutam" por uma vaga, precisando provar que trabalham ou que estão em situação de miséria e, muitas vezes, a seleção de quem ficará com a vaga acontece tendo por base a "situação de risco social", conceito amplo que abarca definições múltiplas. O que se pesa na balança é qual a família mais miserável, mais precária, quais as piores condições de vida que, de alguma forma, a creche pode ajudar a minimizar.

No entanto, esse sistema perverso, em que não há vagas para todos aqueles que optam, desejam ou precisam que seus filhos freqüentem as creches, reforça as desigualdades e exclui a criança da convivência com diferentes pessoas em diferentes situações econômicas, culturais e sociais.

Como reforço a essa exclusão, as creches acabam tornando o círculo ainda mais vicioso, quando tratam as famílias de forma a submetê-las à autoridade dos dirigentes, das normalizações, sem oportunidade de manifestar as suas contrariedades ou seu descontentamento. Como conseqüências, as famílias omitem-se, esquivam-se, não participam e não conseguem de fato acompanhar seus filhos como gostariam ou como deveriam.

Nessa lógica perversa, a família precisa estar sempre agradecida e reconhecer, na verdade, que tem um privilégio – o de usufruir de um serviço que todos teriam o direito, mas não têm. Como reação, as famílias e as crianças calam-se, e a qualidade da escola de Educação Infantil, que poderia melhorar muito com a participação das famílias, avança a passos lentos. E a educação reafirma as desigualdades já existentes. É consenso dos ativistas sociais que a desigualdade no Brasil nasce no berço e, infelizmente, na educação, isso não é exceção.

Além do acesso, há questões relativas ao atendimento. O que a família precisa e o que a escola pode oferecer em termos de flexibilidade de horários é uma questão que nem sequer é vista como um problema. Principalmente na faixa etária de 4 a 6 anos, as famílias, já há muito tempo, não têm a opção de deixar seus filhos na escola por período integral, embora, em nossa cultura e, principalmente nos centros urbanos. Quem trabalha fora de casa costuma ficar oito horas no trabalho e, em média, de duas a três horas no trajeto de volta à casa. Fazem-se arranjos, muitas vezes, solidários e produtivos, entre parentes e vizinhos, mas não se atende à demanda e à necessidade específica dos diferentes grupos: quem trabalha período integral, quem trabalha meio período, quem trabalha três vezes na semana, quem tem com quem ficar em casa, quem não tem. Os serviços oferecidos são ainda massificados, padronizados, excludentes da diversidade.

Pensar em escolas de Educação Infantil para diferentes faixas etárias e com diferentes turnos requer uma proposta pedagógica consistente e permanentemente aprimorada.

Em termos gerais, a expansão do atendimento não vem acompanhada da melhoria da qualidade, pois, além da falta de vagas e de turnos adequados, há a superlotação dos grupos, de maneira desproporcional entre número de adultos e número de crianças em todas as faixas etárias. Além de prejudicar a criança na constância dos adultos que as atendem e na formação de vínculos, o número excessivo de crianças pode levar a um cuidado massificado, prejudicando a construção da identidade dessas crianças.

Some-se a esse panorama a ausência de um programa de formação continuada, interno às instituições, levado a frente pela parceria diretor-coordenador pedagógico, que, além de dar conta das lacunas deixadas pela formação inicial (nível normal conforme a LDB), precisa favorecer o aprimoramento da prática cotidiana por meio da reflexão na e sobre a ação pedagógica. Por outro lado, tanto o diretor como o coordenador pedagógico tem dificuldades na elaboração e implementação de um programa de formação, pois, historicamente, há um papel administrativo burocrático que se sobrepõe à ação formativa.

Portanto, a escola de Educação Infantil, organizada como creche ou como Pré-Escola, precisa urgentemente de uma política que atenda as suas necessidades específicas de organização, funcionamento e financiamento. No entanto, há um aspecto da exclusão que independe dos fatores expostos anteriormente, pois é resultante da nossa formação básica original, resultante do desprestígio que a Educação Infantil ocupa na sociedade em função da falta de informação, trata-se da exclusão cultural. Ou seja, quais as possibilidades de aprendizagem da criança no contexto de desenvolvimento que uma escola de Educação Infantil representa? Quais os objetos culturais que os educadores selecionam e colocam à disposição das crianças para elas conhecerem? Qual é o grau de consciência que os educadores têm de suas opções e quais são os recursos internos que eles mesmos dispõem para poder mediar esse conhecimento?

Aproximar as crianças das produções humanas em toda a sua complexidade, recortando, porém, aquilo que pode fazer sentido para elas e que vai fazê-las avançar nos conhecimentos que já possuem, é a tarefa primordial de um professor. Isso só é possível se, por um lado, o professor também tem possibilidade de fruição cultural e isso puder alimentá-lo em seu fazer e, por outro lado, se ele puder compreender que a criança pensa e constrói cultura, na medida em que ela brinca, expressa-se e vivencia situações diversificadas em diferentes linguagens.

A palavra *cultura* vem do latim e significa lavoura, cultivo dos campos, instrução e conhecimentos adquiridos. Cultura se opõe à *natura*, curso normal da ordem estabelecida pela natureza. Os filósofos alemães agregaram valor à *kultur*, quando introduzem a idéia de sistema de valores, atitudes e instituições de uma sociedade. Por sua vez, os franceses trouxeram a idéia de *civilisation* como o refinamento do indivíduo e da sociedade.

Os antropólogos sociais Franz Boas (2004), Malinowski (1970) e outros ampliaram o conceito de cultura abrangendo tudo o que o homem faz, cria, sente, pensa, idealiza durante a sua existência. Para Edward Hall (1994):

> Não existe nenhum aspecto da vida humana que a cultura não toque e altere: o modo como os indivíduos se expressam (incluindo as demonstrações de emoções), a forma como pensam, o modo como se movem, como resolvem os problemas e planejam suas cidades, como funcionam e se organizam os sistemas de transporte, assim como a forma em que os sistemas econômicos e estatais se estruturam e funcionam e, também, os sistemas de tempo e de espaço. (op. cit., p. 41)

Como conseqüência dessa idéia, a pluralidade e diversidade cultural ganham força. Há várias culturas que coexistem, e nenhuma é superior à outra.

Artur Ramos (1962/1943), no livro *Introdução à antropologia brasileira*, distingue as culturas não-européias (indígenas, negras) das européias (portuguesa, italiana, alemã etc.) e Darcy Ribeiro (1995) fala de diversos brasis: crioulo, caboclo, sertanejo, caipira e de Brasis sulinos, cada um deles correspondendo a uma cultura específica.

Sendo assim, a criança está imersa na cultura mesmo antes de nascer, e seus processos de interação e fruição cultural são imensos. Não faz sentido alijar a criança da possibilidade de conhecer a diversidade cultural de nosso país e de diferentes países do mundo. Só mesmo conhecendo, a criança poderá optar, analisar criticamente, respeitar, construir e exercitar a sua cidadania.

Infelizmente, não é consenso que as crianças possam usufruir da cultura da forma como ela se apresenta. Está arraigado em nossa formação que a criança é um ser incompleto, incompetente, que não sabe, não pode, não consegue, então, o "mundo" é apresentado de forma fracionada, sem sentido, desvinculado da vida social real.

Quando a instituição de Educação Infantil percebe que ela é um mundo no qual cabem muitos outros, e desenvolve uma membrana permeável e flexível possibilitando uma troca fecunda entre esses diferentes mundos, as crianças ganham qualidade no exercício do pensamento, buscam conhecer cada vez mais, estabelecer relações, procuram um sentido pessoal naquilo que aprendem e compartilham conhecimento com outras crianças e adultos.

Como os professores passaram, e ainda passam, por muitas situações de exclusão cultural, é mais fácil para eles serem reprodutores dessa exclusão do que lutar contra ela, pois isso exige muito empenho pessoal e profissional, exige tempo para alimentar-se culturalmente e esteticamente, lendo livros de literatura e não só os profissionais, indo ao cinema e teatro com freqüência, buscando ouvir música, freqüentando exposições e eventos de arte.

Nem sempre isso é fácil no Brasil a fora, onde a educação e a cultura estão dissociadas e há cidades que não têm nem mesmo o mínimo, como uma biblioteca ou uma casa de cultura local.

Só a fruição cultural do professor não basta, não é suficiente para que a cultura chegue até a criança. O professor precisa também saber selecionar e propor atividades que estejam em um contexto significativo para a faixa etária.

Conhecer o que a cidade oferece para compartilhar com a criança, por meio de passeios a campo, por exemplo, é uma forma viva de lidar com a cultura. Assim como convidar diferentes profissionais e especialistas para conversar com as crianças, ou "estudar" nos livros que possam auxiliá-las a responder as suas questões, dão uma dimensão de prazer ao conhecimento imprescindível a aquele que vai seguir conhecendo pela vida toda.

Por fim, valorizar o que a criança produz, respeitar seu nível de conhecimento, desafiá-la a estabelecer relações e hipóteses entre o que ela já sabe e seus conhecimentos novos, e organizando esses saberes de forma significativa, criativa e pessoal, fará com que o terreno fértil da Educação Infantil seja de fato semeado e produza a sustança cultural de que as crianças precisam e têm direito.

Referências bibliográficas

BOAS, F. *Antropologia cultural*. Rio de Janeiro: Jorge Zahar, 2004.

CARVALHO, S. M.; KLISYS, A. e AUGUSTO, S. (Orgs). *Bem vindo Mundo! Criança, cultura e formação de educadores*. São Paulo: Petrópolis, 2006.

DEHEINZELIN, M. (Org.). *Por um triz*. Cultura e educação. São Paulo: Paz e Terra, 1995.

HALL, E. *A linguagem silenciosa*. Lisboa: Relógio D'água, 1994.

MALINOWSKI, B. *Uma teoria científica da cultura*. 2. ed. Rio de Janeiro: Zahar, 1970.

MORAIS, F. *O Brasil na visão do artista. O país e sua cultura*. São Paulo: Projeto Cultural Sudameris, 2003.

RAMOS, A. *Introdução à antropologia brasileira: os contactos raciais e culturais*. 3. ed. Rio de Janeiro: Casa do Estudante do Brasil, 1962.

RIBEIRO, D. *O povo brasileiro*. São Paulo: Cia das Letras, 1995.

SCARPA, R. *Era assim agora não.... uma proposta de formação de educadores leigos*. São Paulo: Casa do Psicólogo, 2003.

IGUALDADE E DIFERENÇAS

Rinaldo Voltolini[1]

Sustentar uma "igualdade" que respeite as "diferenças" é o eixo paradigmático da chamada política inclusiva que assim constrói sua diferença em relação à política anterior, dita "integrativa", cujo paradigma seria mais, como denuncia o próprio nome "íntegro", o de criar a "coesão", assim como se diz da integridade física para indicar que todas as partes de um corpo funcionam integradamente.

De fato, não é a mesma coisa tentar formar "um todo" coeso e agir para que o "que está fora entre". Essas duas posições representam duas formas distintas de tratar a questão das diferenças. Na primeira, a diferença é, sobretudo, sentida como "disfunção" para um sistema que passa a correr riscos em seu funcionamento, caso não "restitua" ou "re-medie" (termo que indica a perspectiva normatizante de trazer de novo para o nível médio, normal) o que não está integrado. Segundo essa lógica, a diferença teria que ser "eliminada", uma vez que representa a causa de uma disfunção, e a atitude geral poderíamos assim

---

[1] Psicanalista, professor, doutor da Faculdade de Educação da Universidade de São Paulo.

chamá-la de "reparadora". Conhecemos as propostas de trabalho que essa perspectiva animou e ainda anima, sempre baseadas no "tratamento restitutivo" daquela função que se apresenta "deficiente", o que se pode ser mensurado, é claro, quando se tem convicção acerca do que constitui o funcionamento "normal" de uma determinada coisa.

Assim, as pessoas que se encaixavam nesse campo foram convidadas a se tornar "objeto" de tratamentos variados: psicológico, fonoaudiológico, psicomotor, fisioterápico, etc., cuja finalidade era "corrigir", ou pelo menos diminuir a restrição que tal deficiência acarretava.

Nesse modelo, a regra é "intervir" para criar as condições mínimas de convivência coletiva, e a perspectiva científica ocupa aí um lugar de destaque na estratégia de trabalho, dado que essa intervenção restauradora segue a leitura que cada ciência envolvida (a Psicologia, a Fonoaudiologia, a Fisioterapia etc,) faz do que é "normal", além dos recursos que põe em ação para trabalhar. Essa perspectiva científica agora envida também seus esforços, via pesquisa genética, na tentativa de descobrir meios de agir sobre a concepção ou sobre a gestação que "erradiquem" a deficiência da face da Terra. Não é de se estranhar que um grupo de portadores de deficiência tenha se organizado para combater essa iniciativa, lembrando que a questão da deficiência é mais "ética do que médica". Lembrando que a deficiência, diríamos em sintonia com Freud, é um "dos destinos possíveis do humano", e propor sua erradicação é imbuir-se do mesmo "eugenismo" que alimentou, por exemplo, o nazismo em seu projeto enlouquecido de fazer "excluir" do mundo a raça impura.

Talvez o principal mérito da perspectiva inclusiva, especialmente no âmbito das chamadas deficiências, tenha sido o de pôr em discussão esse modelo baseado na normalização de funções físicas ou psíquicas, na "objetalização de sujeitos típica da condição de tratamento, que no fundo está sem o saber comprometido com uma lógica "totalitária". E ela o faz quando ressalta justamente que a questão da deficiência é, sobretudo, uma questão ética e que, como tal, deve exigir um envolvimento social, uma atitude em face a estes sujeitos, mais do que um combate a suas deficiências. Segundo esse ponto de vista, o centro da discussão deveria se deslocar do raciocínio médico para o social, de um modelo basicamente "organicista", no qual parece mais simples definir o funcionamento "normal" de um órgão ou de uma função, para um outro em que a questão do humano entre em pauta e, portanto, com ela, a preocupação com o lado existencial, a significação e a variabilidade de destinos que portar uma deficiência vai desencadear. Quer dizer, tratou-se de incluir na discussão o "sujeito" que porta a deficiência, como bem demonstra o esforço, por si só insuficiente, da mudança de nomenclatura proposta de "pessoas deficientes" para "pessoas portadoras de deficiência". O destaque aqui é que se ressalta que a deficiência não é "toda-a-pessoa", mas que a deficiência é uma de suas características.

É importante que se diga se queremos ser conseqüentes de nossos atos e, então, não deveríamos ficar só analisando intenções, mas também os efeitos das medidas que tomamos, pois isso levou a uma série de visões artificiais e "politicamente corretas" que não foram capazes de inventar senão jargões que só fazem mostrar mais claramente a dificuldade de tal empreitada. Ouvimos, com freqüência, que "no fundo todos temos a nossa deficiência", que "quem sofre é que sabe valorizar, por isso os deficientes são pessoas melhores", - todas elas são tentativas de inverter a tendência em diminuí-los, "aumentando-os". São frases que mal escondem seu caráter preconceituoso e artificial e que revelam que a velha atitude de inferiorização do outro aparece aqui sob sua forma mais cruel: "a piedade". De fato, a piedade é a maneira mais cruel, porque é a forma mais sincera de dizer ao outro que, "de cima", o vemos "por baixo". Porém, incluir o sujeito, tarefa ética, implica tratar a questão da existência das "diferenças" como "normalidade". Quer dizer, enquanto no modelo integrativo a diferença seria o sinal de anormalidade e que justificaria uma desigualdade, a idéia de inclusão, num certo sentido, sustenta que as diferenças são a regra e como tal deve-se construir no sistema condições para que essas "diferenças não representem, como de hábito ocorre, desigualdade". Mas eis aqui um paradoxo interessante e pleno de riscos dado seu caráter de difícil administração: conciliar "diferença e igualdade". O embaraço que é pleno de riscos vem da confusão entre igualdade e "eqüidade". O primeiro significa mais que todos são iguais entre si, ou seja, "subjetivamente"; e o segundo indica mais que todos são iguais perante algo, quer dizer, "objetivamente". Mas aqui é que valeria a pena não tomarmos o embaraço e a confusão freqüente entre os termos como um simples equívoco de entendimento. Este é o caminho que em geral nos faz apostar todas as fichas na estratégia da "conscientização" das pessoas, esperando que dessa percepção venha a transformação.

A insistência na idéia de "igualdade" em vez de eqüidade, insistência que nos faz ter que lembrar a diferença que existe entre esses termos, revela o insidioso de uma atitude que "retorna" com sua força agora renovada pelas novas vestes. Lacan ironizava o termo "revolução", dizendo que se encontra aí, tal como no sentido astronômico do termo, uma idéia de "re-evolução", ou seja, de evoluir para voltar ao mesmo ponto. Obviamente que não se trata de apontar para uma espécie de "no fundo, nada muda", porém, de marcar, ao contrário, novo paradoxo criado pela Psicanálise, que a "repetição" precisa da novidade para renovar sua força. A Psicanálise revela a presença de uma força conservadora no psiquismo humano e por isso foi acusada apressadamente de reacionária sem que se avaliasse corretamente o quanto essa força conservadora está atrelada a uma dinâmica entre conservação e renovação que Freud põe em jogo com os termos pulsão de vida e morte. Como pode algo que causa sempre um desconforto ser considerado conservador?

De fato, se há algo que se repete, "causando O Pior" (referência ao seminário XIX de Lacan) e o causa exatamente porque recusa a admitir que "as coisas agora já não são as mesmas", é porque o sujeito não se arrisca a abrir mão de uma estratégia que lhe teria servido num dado momento. Mas ele não se prende a ela de modo estático; a repetição exige uma dinâmica de renovação; "re-petição" quer dizer pedir novamente. Não quer dizer, portanto, reprodução do mesmo, simplesmente, mas reativação de um vivido que se inscreveu como tal e de tal maneira se tornou importante para o sujeito, embora lhe cause problemas. Toda "conscientização" que não leve em conta o "inconsciente" corre o risco de produzir falsas mudanças. Essa é mais ou menos a lição contida na observação lacaniana sobre o termo "revolução". A revolução enquanto algo que supõe um corte na "continuidade" de determinada coisa é peça rara, é exceção.

Se passamos por esse ponto é só por considerar e para realçar que a questão da chamada educação inclusiva passa decisivamente por uma "implicação subjetiva" da parte de todos os envolvidos. Restringi-la a um conjunto de medidas legais e administrativas, como de hábito funciona o raciocínio dominante, é condená-la a se tornar mais uma dessas coisas inócuas que não servem senão para mantermos a consciência mais tranqüila, enquanto a mestria se incumbe de pasteurizar os efeitos virulentos da nova proposta. Se queremos ser conseqüentes com a viés de recolocação do sujeito na cena que o paradigma da inclusão realiza, tal como salientávamos anteriormente, não poderíamos desconsiderar a questão da implicação subjetiva. Do contrário, a inclusão é só uma idéia reconfortante e aí, sim, "conservadora" na medida em que porta a estase própria que buscamos quando buscamos o confortável.

A posição moral reconfortante é tudo que a Psicanálise aponta como conservador porque cessa a dúvida e o questionamento verdadeiro, digo, não o querelante que é aquele que é mais uma queixa que um questionamento, mas aquele que, ao modo das crianças, ainda não perdeu seu gosto pela "nudez das coisas". Lembremos que, na famosa história de Hans Christian Andersen sobre o rei que estava nu, é uma criança e só uma criança que pode apontar a nudez do rei, enquanto os adultos se esforçam por ver nela qualquer sorte de uma nova moda segundo acreditam que seria o modo como o rei gostaria que o vissem. Conta-se uma anedota sobre Einstein de que ele gostava, no intervalo de suas conferências, de correr para a cozinha porque era o lugar onde esperava encontrar as crianças dos funcionários. Ele dizia que elas eram as únicas capazes de colocar questões interessantes e verdadeiras.

A primeira grande questão que deveríamos ter a audácia de colocar é justamente a de analisar o que se passa quando um paradigma é encampado por uma política pública. A questão pode parecer estranha principalmente para os que consideram desejável que tudo que é bom vire uma política para todos e vêem nisso uma forma de democratização. A questão não é se é desejável ou não, nem mesmo a se é executável ou não, mas é a do que entra em jogo, de fato, quando se começa a executar. A lógica que engendra toda política pública é a lógica administrativa, uma vez que se trata de traduzir em termos práticos e de implementação um conceito geral e que essa passagem implica toda uma série de procedimentos delicados.

Maud Mannoni (1988), pioneira na discussão sobre o trabalho institucional com crianças rejeitadas pelas escolas regulares, gostava e insistia em admitir que uma condição importante para a existência da escola de Bonneuil era sua "marginalidade". Quer dizer que ela sabia que o estatuto de "experimental" que lhe fora atribuído pelas autoridades administrativas, ainda que como qualquer estatuto jurídico fosse problemático, era ainda menos problemático que o encampamento de sua iniciativa como uma política geral. O problema não estaria evidentemente na falta de qualidade de sua idéia, mas na sua proposição como "solução generalizada".

Conforme apontamos em outro lugar (Voltolini, 2004, p. 93-94), a "juridização" das coisas, verdadeiro sintoma contemporâneo, é uma das estratégias fundamentais de exclusão do sujeito

> A extensão da proposta (já que virou uma política pública) indica a ênfase no 'tratamento jurídico' da questão. Trata-se de legislar, estabelecer limites e especificações sobre um dado assunto que envolve os laços entre os indivíduos. E esse legislar deve prescrever princípios gerais, normativos e não flexíveis às idiossincrasias (...). O tratamento jurídico da questão trabalha com categorias cujos contornos de definição não são os mesmos que o do discurso científico. Servem mais para

designar com uma linha divisória, que deve ser clara, qual a parcela da população deve se entender compreendida dentro dos limites desta categoria.

Porém, o essencial a apontar é que a transformação em uma política pública implica a de-singularização da proposta original e sua transformação em "regra de ouro". Transformando-se em "modelo ideal" que vale para todos, obrigamos que todos cheguem a essa conclusão que alguém em seu percurso singular chegou. Ora, acontece que a universalização das práticas e discursos é uma estratégia básica do paradigma científico-tecnicista, o mesmo que a perspectiva inclusiva pareceria contestar ao contestar a dominância da intervenção científica normatizante.

Em uma época em que o discurso corrente – o disco muito-rodado –, evocado por Jacques Lacan, é o das 'simplicidades gerenciais', o das 'propostas ingênuas para a manipulação ultra-moderna' e onde tudo visa à 'uniformização das práticas e dos discursos segundo os imperativos da ciência e da técnica', não devemos nos surpreender ao ver as práticas educativas e pedagógicas reivindicarem em alto e bom som a total racionalidade e cientificidade de suas démarches, a inteligibilidade exaustiva de seu objeto. (Imbert, 1996, p. 11, tradução livre)

A questão principal a destacar é a estratégia da mestria em anular a conseqüência "virulenta", diria Freud, de uma proposta, amputando sua enunciação. Essa estratégia não é recente e nem traz nenhum espanto. Sempre se soube que uma forma eficaz de eliminar o inimigo era premiando-o com o reconhecimento. A "extinção do lugar de enunciação de um conceito" é um hábito introduzido pela Ciência moderna e, nesse sentido, ela torna evidente sua relação de prestação de serviço ao discurso dominante.

Os conceitos também parecem entrar no jogo geral de "contar mais pelo seu valor de troca do que pelo seu valor de uso", exibindo o mecanismo capitalista que lhes governa subterraneamente e por isso mesmo com mais eficácia. Os conceitos também estão expostos no "mercado". Como todos sabem, um conceito deve valer por si só e, como tal, não precisa manter nenhuma relação com as condições de sua enunciação, mas apenas ser coerente dentro de um corpo de conceitos. O que se busca garantir, então, com a criação de uma lei visando fazer respeitar direitos de uma minoria desapossada deles, ao desencadear políticas públicas se perde paradoxalmente pela própria dinâmica de generalização da qual elas se valem. É por essa razão que seria de se esperar que a perspectiva inclusiva trouxesse em seu bojo também e fundamentalmente uma crítica ao paradigma técnico-científico.

Entretanto, o que parece ter acontecido e, nesse sentido, longe de promover uma descontinuidade, ela representaria um continuísmo em relação ao modelo que lhe antecedeu, todo ele centrado na perspectiva cientificista — a Ciência continuou representando um papel decisivo no interior dessa perspectiva. Pelo menos é o que parece testemunhar a enxurrada de propostas de cursos de reciclagem concebidos para "atender" às demandas dos próprios professores envolvidos no processo, que ao demandarem não fazem senão expressar em alguma direção a confusão em que estão colocados. Em tais cursos é sempre a velha figura do "expert" que é convocada, em geral, o mesmo técnico do modelo anterior que, uma vez que não vai mais trabalhar diretamente com as crianças das quais se ocuparão agora os professores, é alçado à condição de "instrumentalizá-los" a fazê-lo. De todo modo, uma insistência na direção de generalizar os critérios de trabalho. Esse processo de generalização deveria suscitar suspeitas pelo contraditório que ele parece apresentar aquilo que constituiu o cerne da questão da inclusão: o respeito às diferenças. Na verdade, a questão da política inclusiva surge no bojo de um contexto social, cujo nome maior deixa claro "contra o que" ela se insurge: "globalização".

Eis o paradoxo que ninguém que se interessa pelo assunto da política inclusiva poderia desconhecer.

O que quer dizer clamar pelas diferenças num mundo cuja lógica é aniquilá-las? Com efeito, produzir um mercado de consumo "comum" que sirva para que as mercadorias deslizem de uma região para outra sem serem barradas pela cultura ou governo local é o *télos* da globalização. Curiosa mudança, ainda que só no nível da estratégia, se antes o sonho de todo grande Imperador era estender seu Império pela imposição de suas insígnias de soberania, agora o Império se impõe pela força das mercadorias.

A questão decisiva para a política inclusiva parece residir na capacidade que ela terá ou não de tornar-se verdadeiramente oposição ao sistema do qual ela nasce. Sabemos que isso não é fácil, uma questão é solidária às circunstâncias históricas de sua enunciação.

Nesse ponto, tanto Marx quanto Freud (e por isso a crítica popperiana tinha razão em aproximar esses dois autores quando diz que o que eles fazem "não é científico" porque não obedece à premissa da "falseabilidade"), cada um a seu modo, não cessaram de mostrar o quanto a produção de idéias depende muito mais de um jogo de conveniências do que de um jogo de coerência. E com isso, ambos indicavam também, guardadas as diferenças de concepção, que certa liberdade em relação às circunstâncias de origem só pode ser alcançada pela saída da "alienação". Mas se podemos pensar que o "outro" ao qual a política inclusiva parece estar ligada é à globalização uma direção de trabalho deveria passar pela sua "separação". Vejamos um exemplo:

O próprio nome inclusão supõe uma questão de saída: Do que eles estariam fora? O jogo democrático, na medida em que está comprometido com o predomínio da vontade da maioria, ainda que seja uma vontade que possa ser convencida pela razão, sempre produzirá "minorias", que são aquelas que não foram contempladas pelo consenso geral. As minorias derrotadas normalmente se lançam a um caminho de persuasão com relação a sua "causa" até que consigam fazer passar sua questão como de relevância geral. Ou seja, um certo "estou dentro ou estou fora" é inerente a dinâmica do jogo democrático, tendente, portanto, ao infinito, e não a um certo uso relativo dela.

Como exemplo, poderíamos evocar a queixa freqüente dos professores envolvidos no trabalho da educação inclusiva quando alegam terem sido objeto de uma "exclusão". "Eu não prestei concurso para trabalhar com crianças deficientes!", dizia uma professora que revoltada parecia expressar sua opinião, que não demora a encontrar um coro de que seu "direito" havia sido desrespeitado.

Sem entrar no mérito da discussão particular, o que nos interessa destacar aqui é o jogo de "dentro-fora" que a própria dinâmica democrática parece estabelecer. Nesse sentido, poderíamos pensar que a recente promoção dos direitos dos portadores de deficiência, objeto do projeto inclusivo, não é senão mais uma manifestação desse jogo democrático e que, como tal, implica que se administre as contradições que advirão dessa medida.

No entanto, essa dinâmica democrática parece ter recebido um outro impulso com a exacerbação da idéia de consumo e a proliferação dos objetos construídos para insuflar esse consumo – que aquilo que Lacan isolou com o nome de "Discurso do Capitalista" parece bem registrar.

Com a noção de Discurso do Capitalista, Lacan, além de reconhecer a profundidade e a assertividade do que Marx havia revelado sobre os mecanismos do capitalismo, fez-nos observar os efeitos "subjetivos" dessa dinâmica.

Tocar nesses efeitos nos parece fundamental para evitar o risco de deixar a interpretação marxista servir apenas, como já se apontou, para reforçar o sistema capitalista, assim como ocorre às vezes, numa análise, de se reforçar a resistência de um paciente por lhe dar uma "explicação" de seu problema.

"Ele [Lacan] considerava que Marx havia fornecido ao Capitalismo a teoria que lhe dava substância, sem, para tanto, refutá-la" (Demoulin, 2005, p. 119, tradução livre).

Nesse discurso, marca-se o novo valor que ganha o "Objeto" (escrevamos assim com maiúscula para indicar sua mestria), elevado, então, à condição de majestade, seja pela posição que a Ciência o coloca (lembremos que a Ciência recorta sempre um Objeto, o objeto da ciência, em relação ao qual os sujeitos que o pesquisam são só "funcionários"), seja pela promoção do objeto enquanto "fetiche", condição básica para garantir o apelo a seu consumo. Na verdade, essas duas dimensões são intrinsecamente relacionadas. De fato, à medida que se cria novos objetos no mundo que alteram a dinâmica social, eles passam a "criar" (que se note a prevalência do objeto enquanto criador) em torno de si uma necessidade e uma demanda. A internet é um bom exemplo disso, uma vez que, dependendo estritamente de um objeto que só a Ciência possibilitou, tomou tal extensão que criou uma necessidade em torno dele e conseqüentemente uma divisão em torno dos que o possuem e dos que não. Proliferam-se em nossa sociedade os movimentos dos "sem" alguma coisa e poderíamos perguntar o quanto isso não tem a ver com uma lógica do "consumo", do "acesso", para dizemos mais correntemente, e, nesse sentido, parece alimentar um fluxo das coisas na direção do projeto capitalista. O deslize aqui é sutil, mas decisivo e representa, como apontávamos anteriormente, o destino da questão de uma política inclusiva. Ou bem ela se desloca para o lado do "ser", ou bem ela se desloca para o lado do "ter". "Ter" uma escola ou "ser" um aluno, eis a questão!

Enquanto estamos no nível dos direitos, embora um nível sempre necessário, a ênfase está no nível do "ter". Mas a questão de origem dessa política não era algo que tinha a ver com o "ser" do portador de deficiência?

O que vem em seguida é decisivo, caso se consiga ou não fazer que essa criança que agora "tem" sua escola regular e não segregatória possa "ser" ou não um aluno. Mas apontar isso parece banal, pois, na verdade, não daria para dizer que isso não consta na pauta das preocupações da política inclusiva. A questão é que, embora conste na pauta, os meios empregados para levá-la adiante levantam suspeitas. É aqui que retomar a questão que anteriormente levantávamos sobre a generalização é fundamental. A generalização e, nesse ponto, ela parece mal esconder sua relação intrínseca com a "globalização", atropela as diferenças. A "regra de ouro" (o ouro aqui não representaria o Capital?) tende a esconder o "cobre" que as múltiplas situações do cotidiano escolar sempre mostram. Muitas vezes, os "alunos incluídos", termo que se consagrou no discurso diário das escolas indicando que o que era para ser um processo (típico na questão do ser) se tornou um produto (definidor da dinâmica do ter), são assim considerados à sua revelia. São às vezes considerados, como certa vez salientávamos (Voltolini, 2005, p. 151), "soldados de uma causa".

Seja como soldados de uma causa, seja como alunos incluídos, em ambos os casos tomados na "tipologização" que as instituições se empenham rapidamente em fazer para "melhor gerir". É a lógica do objeto, tal como a sublinhamos no Discurso do Capitalista, que se impõe. Ali onde se imaginava poder escapar do rótulo segregativo, que lhes era imposto realçando que sua condição de diferença não deveria significar exclusão, caiu-se numa outra "gestão" que implica que "sua diferença" (assim generalizada) será acomodada num sistema que se esforça para acomodá-la sem nada mudar.

> Este "todos proletários" reduzido a um estatuto de corpos votados ao consumo de objetos produzidos e mesmo aparelhados para eles, ao ponto que não se sabe mais se é o indivíduo que goza do objeto fabricado ou se é o objeto que goza do consumidor consumido. E, no entanto, o superego capitalista continua seu sermão 'ainda num esforço para chegar a ser pelo ter, mais ainda. (Demoulin, 2005, p. 118 tradução livre)

Com Demoulin, perguntamos se o "ser" virá do "ter" ou não estaríamos simplesmente absorvidos pelos sustentáculos do Discurso do Capitalista? De todo modo é o que é decisivo saber. A saída de Mannoni em Bonneuil foi interessante no que ela apontava de rompimento com o discurso científico, enquanto este oferece os "tratamentos" de que precisaria o aluno para conseguir "ser". Ela percebeu que, ao contrário, a garantia para algum caminho de "ser" passava decisivamente por uma "suspensão" da idéia de tratamento e por certa perspectiva de "identificação com o louco". Não aquela identificação projetiva que localiza o outro como um duplo meu, mas a identificação no sentido de resistir a modelar o outro à minha imagem e semelhança. Na verdade, esse jogo de igualdade e diferenças que anunciamos em nosso título, decisivo para a questão da inclusão, é mais uma dialética do que uma dilemática. Com Freud, aprendemos que essa dialética se joga em dois níveis: o primeiro narcísico, no qual se trata de constituir minha diferença em relação ao outro no nível do "ser", o segundo edipiano, no qual se trata de constituir minha diferença em relação à "outra" no nível do "ter". Seja como for, a confusão entre a igualdade e a eqüidade que apontávamos no início deste texto não é casual. Em parte, nenhum de nós está livre dela na medida em que ela é tributária destes dois níveis (narcísico-igualdade\edipiano-eqüidade) que se relacionam dialeticamente.

Segundo Freud, seria mais ou menos inevitável que o contato com o diferente me provoque uma certa dinâmica de "ou eu ou o outro", tipicamente narcísica (poderíamos aqui evocar a querela levantada pelos professores acerca de seu direito desrespeitado, quer dizer, para os alunos tudo, para nós nada). Segundo ele, também poderíamos pensar que haverá sempre a presença de um fundo "mítico" (narcísico ou edípico, por exemplo), irredutível como o inconsciente, que nem todo esforço racional, de conscientização, pode ser suficiente para superar. E nem seria necessário que o fosse, porque é dele também que se alimenta a possibilidade de que esse processo "inclua" a subjetividade, esta mesma que a perspectiva cientificista excluiu.

Talvez pudéssemos pensar que na inclusão se trata de uma política de "tolerância" à diferença, mais do que de sua erradicação (lembremos o viés médico contido na idéia de erradicação). Mas a tolerância à diferença não se faz pela insistência na idéia de igualdade da qual, aliás, todos fazemos a experiência subjetiva de sua impossibilidade (de fato, sempre se observa a diferença), mas se faz, ao contrário, pelo reforço dessa diferença, procurando destacá-la de sua associação a um valor comparativo que de hábito a acompanha.

O problema da diferença não é que ela exista, mas é que ela se associe a um valor comparativo que lega a uns virtude e a outros, defeito. O termo "deficiência" presume uma "eficiência" que não se tem e que o outro tem. Porém, o que admitimos como "eficiências" não é algo "natural", mas cujo significado se constrói historicamente, ao longo de uma disputa que estabelece um "dentro-fora" e que a partir daí não visa senão buscar a perenidade.

Tolerar as diferenças marca uma política de não querer acabar com elas, seja porque se pretende reduzi-las por meio da oferta de tratamentos que visam restituir um estado próximo ao dito normal, seja pela criação de uma lei que visa incutir em todos o sentimento impossível de que todos "somos iguais" e, por isso, merecemos tratamentos iguais.

Bem entendido, quer dizer que as diferenças que a variedade de sujeitos portadores ou não de deficiências colocam no cenário social não precisariam ser redimidas. Elas são um signo da existência humana como reclamaram os indivíduos (de quem falávamos anteriormente) quando combatiam as pesquisas genéticas que buscam extingui-la pela manipulação. Ademais, há um engano básico em pensar que se corrigem as diferenças que a deficiência pode colocar juntando todos numa mesma escola, dita "regular". Uma criança pode, em alguns casos, beneficiar-se mais de uma estrutura especial do que de uma regular e deveríamos nos perguntar se o respeito às diferenças deveria passar pela aniquilação das "diferentes escolas" em prol de uma só "regular". Uma escola regular pode bem ser mais um palco onde a diferença se acentua como deficiência, e o fato de que essa plausibilidade tenha se tornado a incidência mais comum deveria nos fazer questionar o que isso tudo traz como efeito. Afinal, este seria o princípio de qualquer postura responsável, perguntar-se não só pelas boas intenções, mas também e, principalmente, pelo que ocorre quando as colocamos em atitudes concretas.

Referências bibliográficas

DEMOULIN, C. Sortir du discours capitaliste? *Psychanalyse et Politique/s La Revue du Champ lacanien*, n. 2, École de Psychanalyse des Forums du Champ Lacanien, Paris, 2005.

IMBERT, F. *L'inconscient dans la classe transferts e contre-transferts*, Paris: ESF, 1996.

LACAN, J. *Seminário XIX*, inédito, 1972.

MANONI, M. *Educação impossível*. Rio de Janeiro: Francisco Alves, 1988.

VOLTOLINI, R. Psicanálise e inclusão escolar: direito ou sintoma? *Estilos clin*. São Paulo, v. 9, n. 16, p. 89-97, jun. 2004.

_____. A inclusão é não toda. In: COLLI, F. A. G. e KUPFER, M. C. M. (Orgs.) *Travessias inclusão escolar: a experiência do grupo Ponte Pré-Escola terapêutica Lugar de Vida*. São Paulo: Casa do Psicólogo, 2005. p. 149-156.

PARTE II
Relatos de Experiência

SOBRE ABISMOS E PONTES: ENTRE A INCLUSÃO DESEJÁVEL E A POSSÍVEL

Solange Aparecida Emílio[1]
Flávia Beillo Menaldo Cintra[2]

"A exclusão desaparece no silêncio dos que sofrem e no dos que a ignoram... ou a temem"
(Pablo Gentili, 2003)

Algumas palavras sobre o binômio inclusão/exclusão

Sabemos que os efeitos da exclusão evidenciam-se nas esquinas, nos jornais e nas telas de televisão. Ela se normalizou, tornou-se natural, deixando de ser um problema e passando a ser apenas um "dado" (Emílio, 2004). Podemos pensar, com Sawaia (1999), na exclusão social como um processo complexo e multifacetado, sutil e dialético, pois só existe em relação à inclusão como parte constitutiva dela. Não pode ser considerada como uma falha no sistema, mas como produto do funcionamento desse mesmo sistema. Devido à desigualdade de condições, exigir competição entre desiguais é saber o ganhador de antemão.

---

[1] Psicóloga e grupoterapeuta; mestre em Distúrbios do Desenvolvimento e doutora em Psicologia Escolar e do Desenvolvimento Humano; coordenadora do Departamento de Psicologia do Centro de Ensino São José; professora responsável pela área de Psicologia Geral do curso de Psicologia da Universidade Presbiteriana Mackenzie.

[2] Pedagoga. Coordenadora Pedagógica da Unidade II do Centro de Ensino São José, responsável pela Educação Infantil e Ensino Fundamental I.

Os termos "incluído" e "excluído" necessitam de algumas reflexões, pois um não é necessário quando o outro está ausente, já que não existem os excluídos se não houver quem esteja incluído. Assim, falar de inclusão ou defendê-la não pressupõe a negação da exclusão, uma vez que sempre que falamos de grupos há, inevitavelmente, os "de dentro" e os "de fora". Cabe-nos, então, compreender quem está dentro e fora, as razões e, principalmente, as implicações das inclusões e exclusões.

Quanto à noção de "excluído", há que se considerar também, como aponta Sekkel (2003), a partir de que categorias e do julgamento de quem a condição de excluído é atribuída a alguém. O sujeito que vive a exclusão é resgatado e trazido para o centro da discussão ao perguntarmos se é ele quem se sente excluído ou se esse sentimento lhe é atribuído por outras pessoas. Martins (2002) lembra-nos de que o discurso sobre a exclusão é normalmente feito pelos que estão integrados e aderidos ao sistema e, por isso, quem não está incluído não fica passível de ser protagonista da transformação social.

Para Scliar & Quadros (1996, p. 36), "a exclusão, nos nossos dias, está travestida de inclusão; aqueles que têm sido permanentemente localizados do lado de fora das fronteiras, hoje são chamados a estar, como seja, deste lado". Parece, por essa afirmação, que o simples "chamar para o lado de dentro" não é capaz de promover a inclusão, pois não altera as relações assimétricas e geradoras que empurram "para fora" e somente mascaram as dificuldades que são inerentes à vida em coletividade.

Iniciamos este capítulo com reflexões sobre a inclusão e a exclusão social para podermos abordar mais detidamente, a seguir, a inclusão na escola. Partiremos da experiência de profissionais envolvidos com uma escola particular da zona Oeste de São Paulo que investem na proposta de inclusão há alguns anos e têm obtido muitos sucessos e alguns fracassos. Poder falar também do que não deu certo é um desafio que temos enfrentado na tentativa de constituição de um espaço para todos os que lá têm podido ser incluídos.

A inclusão na educação

A experiência que nos serviu de base para a participação no seminário que motivou a elaboração deste capítulo tem sido vivenciada em uma escola de Educação Infantil, Ensino Fundamental e Médio da rede privada, localizada na zona Oeste da cidade de São Paulo[3].

A referida escola funciona há mais de 30 anos, mas durante 19 anos trabalhou somente com Educação Infantil, ficando, durante algum tempo, muito mais associada à extensão do lar das crianças atendidas do que propriamente à educação formal (era denominada, então, "Larzinho São José"). Desde o princípio, a exemplo de tantos outros "lares", não recusava crianças que viessem nas mais diferentes condições (com deficiências, doenças crônicas etc.), e seus profissionais (em geral, filhas e netas da proprietária) buscavam formas de conhecer e melhor atender tais crianças. Na ocasião, como a inclusão não era mencionada ou defendida, as crianças que alcançavam a idade escolar eram direcionadas às escolas de Ensino Fundamental e aquelas que não eram aceitas nas escolas regulares acabavam buscando as escolas especiais.

---

[3] Centro de Ensino São José: www.cesaojose.com.br

A partir de 1995, porém, uma das filhas da fundadora da escola resolveu assumir, com seu marido e filhas, a propriedade e direção da escola, preparando-a para o Ensino Fundamental e posteriormente para o Ensino Médio. Desde então, tanto o acolhimento às crianças quanto a inclusão na educação têm sido alvo de reflexão e busca constantes dos agentes institucionais.

O que a experiência tem mostrado é que a educação de crianças, respeitando as suas diversas condições, é possível, mas não é um processo simples e não se refere somente ao combate ao preconceito na recepção de crianças e jovens na escola. A prática da simples inserção do aluno com necessidades educacionais especiais com vistas ao "politicamente correto" ou para atender a determinações legais ou a exigências familiares pode resultar em uma participação escolar à margem da educação – alunos que não interagem com os colegas ou são vítimas de maus-tratos; alunos que estão na escola apenas para sociabilizar e não recebem a educação formal, por exemplo – ou seja, uma inclusão "como se", que de fato não ocorre, pois a escola inclui sem permitir que o aluno se perceba pertencente.

Quando falamos em escolas da rede privada, então, parece absurda e idéia da inclusão "por decreto", uma vez que a escola particular exclui, por princípio, quem não pode pagar as mensalidades. A exigência de que tal escola (mesmo com mensalidades baixas) inclua um aluno com deficiência ou qualquer outra condição considerada "necessidade especial" em nome de uma suposta inclusão torna-se enganosa na medida em que continua mantendo a exclusão da grande massa de pobres e miseráveis que habitam o nosso país, pois estes não podem pagar uma escola da rede privada.

Assim, a inclusão na escola particular, se feita de forma ética e responsável, não significa receber e incluir todos os alunos com necessidades educacionais especiais na escola regular, mas implica tanto reconhecer as dificuldades e limitações existentes quanto – e principalmente – a disponibilidade para buscar condições para que isso aconteça (Emílio, 2007), pois entre a inclusão que desejamos e a que é possível, muitas vezes, encontramos abismos que parecem intransponíveis. Por esse motivo, algumas pontes têm sido construídas e é sobre algumas delas que iremos discorrer a seguir.

Pontes possíveis

Vimos que para considerarmos a inclusão escolar precisamos pensar na inclusão na educação e não somente na escola. Para que isso ocorra, é necessário proceder a uma séria revisão dos objetivos e métodos da educação e envolver a todos na proposta de uma sociedade inclusiva. No que se refere à instituição escolar, precisam ser considerados os itens abaixo:
1. Preparação e suporte constantes aos professores, à equipe técnica e aos demais funcionários: muitas vezes, a preparação é realizada somente com a equipe técnica ou com o professor e é destacada do contexto escolar em "capacitações" e "reciclagens" que trazem importantes informações, mas não são suficientes para atender às necessidades surgidas no dia-a-dia. Isso tende a sobrecarregar o professor, que se vê obrigado a dominar diversas áreas do conhecimento e buscar recursos próprios para administrar problemas que poderiam ser

resolvidos com o auxílio e em conjunto com os demais envolvidos no cotidiano escolar.
2. A instituição dispor de profissionais responsáveis por prestar informações e orientações sobre as diversas condições dos alunos: a escola não tem, necessariamente, que contratar profissionais especializados nas diversas áreas da Saúde e Educação, mas é importante que possa contar com profissionais que participem das discussões e decisões em conjunto com coordenadores, orientadores, professores e demais funcionários e é fundamental que esses profissionais tenham experiências práticas no contexto escolar[4].
3. Não basta boa vontade – são necessários conhecimento e muito empenho dos envolvidos. O processo de inclusão não pode ficar sob a responsabilidade de um profissional ou de um subgrupo dentro da escola; deve ser tratado de forma coletiva, e as soluções devem ser buscadas a partir do compartilhamento de idéias.
4. Abertura institucional para mudanças: não há respostas prontas, e o processo de inclusão nunca pode ser considerado concluído, pois as demandas surgidas cotidianamente exigem constantes reformulações institucionais.

Com relação aos alunos com necessidades educacionais especiais, é fundamental que haja um cuidado especial da escola antes de recebê-los, considerando as questões abaixo:

---

[4] Na escola utilizada como referência neste capítulo foi criado o Departamento de Psicologia, composto por psicólogos escolares com formação e experiência em saúde coletiva que são responsáveis pelo suporte nas relações e a ponte com profissionais de diversas áreas: Psicologia, Psicanálise, Análise Institucional, Neurologia, Psiquiatria, Fonoaudiologia, Terapia Ocupacional etc., que trazem orientações e auxiliam nas reflexões trazidas pela equipe.

a. A escola tem condições físicas, pedagógicas e de pessoal para acolher o aluno e proporcionar a ele possibilidades de pertencer ao grupo e fazer parte das relações institucionais, de forma a poder desenvolver seus potenciais?

b. Caso a escola não apresente, inicialmente, as condições necessárias, é possível criá-las e administrá-las, sem prejuízo ou responsabilização do aluno a ser incluído ou de sua família?

c. Existe liberdade para adequar o currículo e/ou as estratégias pedagógicas e de avaliação de acordo com as necessidades do aluno?

d. Há abertura para contatos freqüentes com pais e com profissionais que acompanham o aluno para a avaliação das reais necessidades e acompanhamento do processo?

e. O aluno e seus familiares concordam com o projeto pedagógico da escola e com as alterações e adaptações necessárias ao seu desenvolvimento escolar?

Assim, antes de receber o aluno, é fundamental conhecer o máximo possível de seu histórico e de sua condição. Diagnósticos precisos são importantes e devem ser respeitados, principalmente se puderem orientar a melhor forma de atender às necessidades do aluno, mas não podem ser confundidos com rótulos e principalmente não devem servir para reduzir o aluno a determinada condição, como "o autista", "o deficiente mental", "o TDAH", "o dislexo", entre outros. Além disso, os agentes escolares precisam saber se há uso de medicação, o tempo de duração (quando isso interfere na participação escolar do aluno) e os possíveis efeitos. Sempre que possível, os profissionais que acompanham o aluno e seus familiares devem ser contatados para ampliar a possibilidade de conhecimento da situação e de verificação das possibilidades reais de atendimento às necessidades apresentadas e respeito às especificidades do aluno e de seus familiares.

Outro aspecto que merece destaque, neste momento, diz respeito à realização de atividades pedagógicas e de avaliações diferenciadas pelos alunos, dependendo das necessidades educacionais apresentadas por eles. Parece algo simples de sugerir e fácil de realizar, no entanto, tal proposta pode gerar inúmeras resistências, seja de professores, de alunos ou de seus pais.

Sabemos que muitos pais matriculam seus filhos em escolas particulares, tendo como objetivo a maior qualidade de ensino e o acesso futuro a universidades mais conceituadas (geralmente, públicas). Em alguns momentos, pais e professores utilizam esse argumento para defender as avaliações iguais para todos, que estimulam a competitividade, selecionam e premiam os "melhores", ou seja, os que se destacam do grupo e obtêm os resultados mais favoráveis.

O conceito de seleção dos mais capazes sempre esteve presente nas propostas educacionais (Emílio, 2004). Apesar disso, os textos oficiais, tais como os Parâmetros Curriculares Nacionais (BRASIL, 1999) e as Diretrizes Nacionais para a Educação Especial na Educação Básica (BRASIL, 2002), já abordam a necessidade de adaptação do currículo e do processo avaliativo, além da criação de sistemas de apoio para favorecer ou viabilizar a eficácia na educação de alunos com necessidades educacionais especiais. Esses documentos não discutem as possíveis conseqüências de tais medidas e também as implicações para o ensino regular, mas destacam a importância da disponibilidade institucional para a revisão das condições gerais, uma vez que são necessárias adaptações físicas, pedagógicas e de pessoal, em função das necessidades educacionais apresentadas pelos alunos.

Mesmo não sendo novidade, o fato de o mercado de trabalho atual exigir profissionais que saibam conviver bem em grupo, sejam criativos e respeitem a diversidade, muitos pais e alunos podem considerar que isso será desenvolvido depois de terem vencido o desafio da entrada em uma "boa" universidade. Os alunos com necessidades educacionais especiais, dentro desse critério, já estariam automaticamente excluídos da disputa e serviriam como empecilho àqueles que dela poderiam vir a se beneficiar, sendo tanto não desejáveis quanto dispensáveis no contexto da escola regular, principalmente daquelas cuja ênfase está na preparação para o vestibular. Por esse motivo, todos os alunos, com ou sem necessidades educacionais especiais, pais e professores de uma escola inclusiva devem estar conscientes de que o sistema de avaliação deve ser coerente com a proposta de inclusão, pois, dentro de uma escola em que a competitividade seja estimulada e premiada, os alunos irão se sentir injustiçados (com razão) se houver avaliações diferenciadas.

Assim, no que se refere à realização das atividades e avaliações diferenciadas, o ideal é que a avaliação não seja utilizada para comparar o desempenho entre os alunos, mas para verificar o quanto cada aluno (isso inclui todos e não os com necessidades educacionais especiais apenas) evoluiu em seu processo, e deve ser coerente com o que aconteceu durante as aulas. Também serve para averiguar se os objetivos estão sendo alcançados ou se novas estratégias precisarão ser adotadas.

Pode parecer estranho termos abordado as questões anteriores em um seminário que se dedicou a discutir a inclusão a partir dos percursos na Educação Infantil. Fizemos isso por acreditarmos que esta merece ser incluída na educação, e não é possível pensarmos a inclusão no Ensino Fundamental e Médio sem considerarmos que tal inclusão inicia-se na Educação Infantil.

O que temos presenciado na prática, porém, é que muitas escolas aceitam crianças com necessidades educacionais especiais por considerarem que elas necessitam somente brincar na escola, e não raro essas crianças são mantidas na Educação Infantil após atingirem a idade de alfabetização e de ingresso no Ensino Fundamental. Em alguns casos, quando elas estão com 10 anos de idade ou muito grandes em comparação aos colegas de 5, 6 anos, os pais são chamados e informados de que terão que procurar outra escola. Isso ocorre porque o critério de prontidão para a alfabetização tem sido preponderante, na maioria das escolas, para a promoção das crianças da Educação Infantil para o Ensino Fundamental. Assim, consideramos que a passagem da Educação Infantil para o Ensino Fundamental é um ponto nevrálgico no que se refere aos alunos com necessidades educacionais especiais e que merece uma discussão mais ampla.

A realização de atividades pedagógicas assim como o processo de avaliação diferenciados permitem à escola inclusiva considerar cada caso individualmente nas tomadas de decisão. Por exemplo, se a criança pertence a um grupo de faixa etária entre 5 e 6 anos e este iniciará a alfabetização no ano seguinte, alguns fatores poderão ser considerados para a decisão sobre a promoção da criança (mesmo que ela não tenha atingido os pré-requisitos pedagógicos necessários à alfabetização) ou a manutenção desta em um grupo de crianças menores para que ela atinja tais requisitos. Tais fatores estão ligados à maturidade da criança, seja em relação ao próprio cuidado, como quanto às brincadeiras e à interação social; além disso, considera-se o quanto ela pode aprender e contribuir para o aprendizado dos colegas daquela faixa etária. Compreendemos, então, que as posições radicais que defendem a promoção imediata da criança da Educação Infantil para o Ensino Fundamental pode ser tão prejudicial quanto a que defende a necessidade de pré-requisitos pedagógicos básicos, uma vez que as condições das crianças podem ser as mais variadas como temos percebido.

Quando recebemos alunos provenientes de outras escolas de Educação Infantil para o ingresso no Ensino Fundamental, sempre consideramos os aspectos levantados acima para decidir em que grupo incluiremos o aluno, ou seja, a idade ou os requisitos pedagógicos não são os únicos critérios a serem avaliados, mas o conjunto de informações disponíveis e em parceria com os pais e profissionais envolvidos.

É importante observar também que, para haver atividades e um processo avaliativo individualizado, há que se considerar o número de alunos em cada turma, pois turmas muito numerosas sobrecarregam o professor e muitas vezes inviabilizam o processo. Por esse motivo, um dos cuidados a serem tomados, dentro da proposta de educação inclusiva, é a restrição do número de alunos por sala, de forma a possibilitar a interação dos seus membros e o atendimento às necessidades de cada um.

Apesar de não haver um consenso entre os estudiosos de grupo acerca das quantidades ideais de participantes para cada modalidade de funcionamento grupal, a experiência tem demonstrado que a limitação do número de alunos por grupo é fundamental para a qualidade da abordagem aos alunos e a realização das atividades diferenciadas para aqueles com necessidades educacionais especiais (Emílio, 2004).

O número máximo de alunos adotado por turma, na escola em questão, varia de 15 (para a Educação Infantil) até 25 (para o Ensino Fundamental e Médio). Não queremos estabelecer estes como sendo os números ideais, mas percebemos que facilita bastante a interação dos alunos e a avaliação individualizada dos professores. Além disso, percebemos que é importante limitarmos o número de alunos com necessidades educacionais especiais em cada grupo. Nas "Diretrizes" (BRASIL, 2002), é sugerido que a distribuição dos alunos com necessidades educacionais especiais ocorra pelas várias classes do ano escolar em que os alunos forem classificados. No entanto, não há qualquer referência ao limite de número de tais alunos por grupo. Sugerimos que o número de alunos com necessidades educacionais especiais não ultrapasse os 15% do total da sala. Também percebemos que alunos com necessidades semelhantes devem ser agrupados, preferencialmente, em grupos distintos, para evitar que sejam estimulados a formar subgrupos dentro do grupo e deixem de interagir com os demais colegas (Emílio, 2004).

Considerações finais

Esperamos ter conseguido pontuar a importância do envolvimento da instituição, de forma plena, com o processo de inclusão. Não podemos encerrar o capítulo, porém, sem abordar um aspecto fundamental da constituição de uma escola inclusiva. Concordamos com Sekkel (2003) quando afirma que é necessário ser criado um **ambiente educacional inclusivo**. Segundo a autora, para a sua criação, torna-se fundamental o reconhecimento dos preconceitos e a continência para o aparecimento de emoções, pensamentos e até superstições, já que, ao nomearmos a inclusão como desejável, muitos se sentem obrigados a senti-la dessa forma, o que nem sempre acontece. Além disso, para o ambiente educacional ser de fato inclusivo, o respeito, o acolhimento e a solidariedade devem estar presentes em todos os âmbitos e em todas as relações institucionais e não somente direcionados aos alunos.

Para isso, consideramos que devem ser criados espaços institucionais para o compartilhamento de dúvidas, de angústias e de conquistas, pois a educação que objetiva transformações sociais pressupõe um contexto com espaços de escuta e de decisões conjuntas e que possa sobreviver aos movimentos contrários – que são inevitáveis – pela reflexão constante dos valores e propostas e pelo enfrentamento coletivo às dificuldades, pois:

> ... a inclusão de alunos com necessidades educacionais não pode ser banalizada e tampouco abandonada, mas deve ser considerada e discutida, dentro de uma perspectiva mais ampla, que é a da busca de eliminação das desigualdades e da indiferença em relação à condição humana. Se pensarmos que a escola é uma pequena amostra, reflexo e refletora da sociedade, podemos imaginar que este é um passo, entre os tantos necessários, na construção de um mundo melhor. (Emílio, 2004, p. 248)

Referências bibliográficas

BRASIL. Secretaria de Educação Fundamental. *Parâmetros Curriculares Nacionais: adaptações Curriculares*. Secretaria de Educação Especial. Brasília: MEC/SEF/SEESP, 1999.

_____. Ministério da Educação. *Diretrizes Nacionais para a Educação Especial na Educação Básica*. 2. ed. atualizada. Secretaria da Educação Especial. Brasília: MEC/SEESP, 2002.

EMÍLIO, S. A. *O cotidiano escolar pelo avesso: sobre laços, amarras e nós no processo de inclusão*. Tese de doutorado, Instituto de Psicologia. São Paulo: Universidade de São Paulo, 2004. Disponível em <http://www.teses.usp.br/teses/disponiveis/47/47131/tde-08032006-104424/>. Acesso em 3 jan. 2007.

_____. *Inclusão: "de fato" ou "de direito"*. Disponível em: <http://www.cesaojose.com.br/a_escola/inclusao01.htm>. Acesso em 3 jan. 2007.

GENTILI, P. A exclusão e a escola: o apartheid educacional como política de ocultação. In: GENTILI, P.; ALENCAR, C. *Educar na esperança em tempos de desencanto: com um epílogo do subcomandante Marcos sobre as crianças zapatistas*. 4. ed. Petrópolis: Vozes, 2003.

MARTINS, J. S. *A sociedade vista do abismo: novos estudos sobre exclusão, pobreza e classes sociais*. Petrópolis: Vozes, 2002.

SAWAIA, B. (Org.). *As artimanhas da exclusão: análise psicossocial e ética da desigualdade social*. Petrópolis: Vozes, 1999.

SCLIAR, C.; QUADROS, R. Invertendo epistemologicamente o problema da inclusão: os ouvintes no mundo. *Estilos da Clínica: revista sobre a infância com problemas*. Dossiê: Educação & Inclusão Escolar. v. V, n. 9, p. 32-51, 1996.

SEKKEL, M. C. *A construção de um ambiente inclusivo na Educação Infantil: relato e reflexão sobre uma experiência*. Tese de doutorado. São Paulo: Universidade de São Paulo, 2003.

RELATO DE UMA EXPERIÊNCIA...

Marli dos Santos Siqueira[1]
Maria Cecília Ramos da Silva Santos[2]
Silvana Lumiko Yamabuchi[3]

Quem somos

O Núcleo de Educação Inclusiva do Departamento de Orientações Educacionais e Pedagógicas é constituído por equipe interdisciplinar (psicólogos, fonoaudiólogos, pedagoga, terapeuta ocupacional, professora de Educação Física, professores especializados, psicopedagoga), que tem por objetivo elaborar e implementar políticas para a educação inclusiva pautadas nas diretrizes da Secretaria Municipal de Educação de Guarulhos, presentes no projeto político pedagógico da rede, que são: democratização do acesso e permanência do educando; qualidade do ensino; valorização dos profissionais da educação; democratização da gestão. Como cita Antunes e colaboradores: "(...) O Projeto Político Pedagógico é a expressão pedagógica e o elemento articulador concreto das diretrizes da Secretaria de Educação" (2003, p.15).

---

[1] Psicóloga escolar e coordenadora do Núcleo de Educação Inclusiva.
[2] Psicóloga escolar e coordenadora do Núcleo de Apoio Educacional Profª Alice Ribeiro.
[3] Terapeuta ocupacional do Núcleo de Educação Inclusiva.

Assim, tendo como referência as diretrizes, as especificidades da educação inclusiva e orientados pelos princípios da inclusão, o Núcleo de Educação Inclusiva elaborou as diretrizes para este trabalho:

- Toda criança deverá ser matriculada na unidade de ensino regular mais próxima de sua residência.
- As crianças não freqüentarão o ensino especial antes dos 6 anos.
- As classes especiais descentralizadas têm como princípio o caráter de transitoriedade da permanência, não se configurando, em hipótese alguma, em espaços de permanência e/ou manutenção de habilidades.
- O encaminhamento de educandos das classes regulares para classes especiais ocorre após estudos aprofundados que comprovem a impossibilidade de permanência destes na classe, respeitando-se as especificidades de cada caso. Assim, a educação especial não é entendida como modalidade de ensino em paralelo com outras modalidades, mas como um serviço de apoio à inclusão escolar.
- A permanência de educandos com necessidades educacionais especiais no estágio/ciclo ocorre após discussão/ reflexão entre a equipe do Núcleo, unidade escolar, unidade de atendimento e família.

Nossas ações

O Núcleo de Educação Inclusiva atua em duas grandes frentes, o atendimento específico e a formação de educadores visando à sensibilização para uma mentalidade inclusivista.

Nas formações, vêm sendo focados temas relacionados a valores, crenças, sentimentos, mitos, concepções, por entendermos que as questões relativas à inclusão, implica, antes de tudo, trabalhar com mudança de valores e superação de pré-conceitos.

São abordadas também as teorias que a Secretaria de Educação propõe para as formações, como: ciclos de formação/ tempos da vida, currículo, avaliação e arte-educação.

Coordenamos a Rede de Apoio à Inclusão que conta com dois Serviços de Atendimento Terapêutico-Educacional; Salas de Apoio Pedagógico; Salas de Recursos; Classes Especiais Descentralizadas; Projeto MAIS (Movimento de Atenção à Inclusão do Surdo).

No Núcleo de Educação Inclusiva, realizamos atendimento à equipe escolar, famílias e comunidade.

A experiência que vamos relatar diz respeito ao atendimento do Núcleo. Aconteceu em 2003, quando recebemos um relatório da escola, solicitando a permanência do educando incluído no estágio III da Educação Infantil.

Ao lermos o relatório, ficamos muito felizes, mesmo tendo faltado investimento no conhecimento formal, retratava a criança, tinha um olhar para o desenvolvimento integral e, principalmente no que diz respeito aos aspectos da formação humana, sendo facilitadora das diferentes interações. Socializamos o seguinte relatório no Departamento:

RELATÓRIO DA ESCOLA

"O educando, nascido em 25/02/1997, portador de paralisia cerebral, está regularmente matriculado nesta U.E. desde 2002, freqüentando o Estágio II da Educação Infantil.

Em 2002, iniciou sua vida estudantil com muitas dificuldades no desenvolvimento motor, era dependente de tudo, não manuseava absolutamente nada, nem mesmo sua cadeira de rodas.

No início do ano, tudo foi novidade para ele: os amigos, a professora, o ambiente escolar. Aos poucos, sua interação e integração foi muito boa, pois todos os alunos colaboraram no sentido de ajudá-lo, considerando-o uma criança igual a eles. Houve preconceito de algumas mães, o que não interferiu no ambiente pedagógico da sala de aula.

O aluno não tinha coordenação motora fina para desenvolver nenhuma atividade, não se alimentava sozinho e nem segurava objetos (talvez pelo fato do ambiente ser diferente para ele).

Em 2003, após passar o período de adaptação, houve um progresso muito grande em seu desenvolvimento. Hoje ele segura objetos e come sozinho: bolachas, pães, doces e frutas. Coloca creme dental em todas as escovas dentais e passa pratos e canecas para todos os seus amigos. Brinca normalmente no parque, auxiliado por mim ou por outro funcionário. Na sala de aula, não pára quieto se estiver na cadeira de rodas, até briga e agride quando ofendido.

Quanto ao pedagógico, ainda não realiza movimentos finos ou traçados gráficos, mas no cognitivo auxilia seus amigos.

Participa de todos os eventos da U.E., inclusive de datas comemorativas. É acariciado por todos, sente-se em ambiente familiar e acolhedor.

Em síntese, após dois anos trabalhados, a professora R., que comigo divide o período de aulas, apoiou-me muito, ajudando em todos os momentos e acompanhando todo o desenvolvimento do aluno, e nós, com a direção da U.E., chegamos à conclusão de que houve um grande progresso motor e cognitivo em seu potencial, mesmo dentro de suas limitações; por isso, achamos de suma importância que o aluno permaneça nesta Unidade Escolar, para que seu desenvolvimento seja mais bem atendido, já que ele criou um vínculo de confiança e carinho por todos que trabalham aqui".

A partir dessa solicitação, o Núcleo procurou saber se o educando fazia algum atendimento clínico e/ou terapêutico, solicitando também a esses profissionais um relatório. Tínhamos, então, o relatório da escola, o da instituição na qual ele havia passado em atendimento (relatório psicopedagógico) e o pedido da mãe. Ressaltamos que todos esses documentos e pedidos eram no sentido da sua permanência naquele nível de educação.

Na seqüência, fomos à escola conhecer o educando, ouvir e mediar uma discussão com os envolvidos no processo educativo (professor, gestor, família). Esclarecemos que o educando também foi considerado (ouvido) nesse contexto. Conhecendo o educando, observamos que se tratava de uma criança afetiva, interado com seu grupo, comunicativo, atento a tudo que acontecia ao seu redor, mantendo diálogo contextualizado com a realidade do cotidiano e com dificuldades motoras.

Conversando com a mãe, observa-se que há boa relação familiar. Trata-se de uma família envolvida, mobilizada para acessar os serviços especializados necessários e participativa no processo de escolarização. A mãe descreve o filho como "uma criança alegre, inteligente, como alguém que sabe se posicionar diante de suas questões e que, às vezes, a surpreende na suas falas, como, por exemplo: em uma de suas colocações, contanos que o seu filho disse para ela sair tranqüila para resolver seus assuntos e se desculpava por ter nascido assim, por dar trabalho, pois não queria ser "um peso na sua vida".

Fica evidenciado, nesse discurso, a valorização e o conhecimento que a mãe demonstra em relação ao seu filho, bem como a consciência que ele tem de sua deficiência e o pensamento crítico diante da mesma. Percebe-se que família e escola têm potencializado a criança a constituir-se como sujeito, na medida em que investiu nas interações, possibilitando ao educando um sentimento de pertencimento ao grupo, extrapolando ainda, para o enfrentamento das diversas vivências do dia-a-dia. Como cita Góes: "(...) os processos humanos têm gênese nas relações sociais e devem ser compreendidos em seu caráter histórico-cultural. O homem significa o mundo e a si próprio não de forma direta, mas por meio da experiência social." (2002, p. 98)

Ouvindo o educando, uma de suas falas significativas foi quando perguntamos a ele o que pensava em relação a sua permanência na escola. Disse-nos que: "deveria ir com os meus colegas, mas os outros aí estão falando que eu vou ficar". Essa fala aponta o desejo de seguir com seus pares e o quanto estavam sendo significativas as interações e aprendizagens com eles. Citando Arroyo:

> (...) nada justifica, nos processos educativos, reter, separar crianças, adolescentes ou jovens de seus pares de ciclo de formação, entre outras razões, porque eles aprendem não apenas na interação com os professores-adultos, mas nas interações entre si. Os aprendizes se ajudam uns aos outros a aprender, trocando saberes, vivências, significados, culturas (1998, p. 41).

Retomando a solicitação da escola sobre a permanência do educando, ela relata em sua conclusão que "houve um grande progresso motor e cognitivo em seu potencial, mesmo dentro de suas limitações", e acreditava que o educando deveria permanecer, pois o vínculo de confiança e carinho que recebia de todos que trabalhavam lá facilitaria ainda mais o seu desenvolvimento. Pareceu-nos que o relatório de avaliação realizado pela instituição especializada teve grande influência na tomada de decisão. Esse relatório apontava:

- grafismo muito aquém do esperado para a idade cronológica da criança;
- criança apática, lenta, com pouca iniciativa para a realização das atividades propostas;
- criança atualmente em fase de aprendizado que não condiz com a apresentação de conteúdo de primeira série.

De posse de alguns conhecimentos sobre o educando, a família e a escola, somando-se ao relatório da escola e da instituição, podemos dizer que a equipe escolar, quando solicita a permanência do educando, considera apenas a falta colocada pela deficiência (condições motoras), pelo entendimento de que a aprendizagem requer a maturação de habilidades, como, por exemplo, a aprendizagem da leitura e escrita necessitam de uma melhora na coordenação motora. Diz ainda Goés que:

> (...) diante da condição de deficiência é preciso criar formas culturais singulares, que permitam mobilizar as forças compensatórias e explorar caminhos alternativos de desenvolvimento, que implicam o uso de recursos especiais. O déficit orgânico não pode ser ignorado, mas é a

vida social que abre possibilidades ilimitadas de desenvolvimento cultural, o qual borra a dominação natural da insuficiência orgânica ou, falando com mais exatidão, torna-a histórica (2002, p. 100).

A questão aqui a ser pensada é em relação às adaptações curriculares, pois as dificuldades físicas e motoras, embora possam ser melhoradas, fazem parte da sua condição como pessoa. Citando, os Parâmetros Curriculares Nacionais (1999):

> As adaptações curriculares constituem, pois, possibilidades educacionais de atuar frente às dificuldades de aprendizagem dos alunos. Pressupõem que se realize a adaptação do currículo regular, quando necessário, para torná-lo apropriado às peculiaridades dos alunos com necessidades especiais. Não um novo currículo, mas um currículo dinâmico, alterável, passível de ampliação, para que atenda realmente a todos os educandos. (p. 33)

Neste caso foram sugeridas adaptações de pequeno porte (adaptações não significativas), como:
- adaptação de acesso, que se refere às ações que favoreçam a participação do educando: condições ambientais (espaço para deslocamento da cadeira de rodas); material pedagógico (prender a folha de atividades com fita adesiva; caderno/livro sobre placa de E.V.A.; lápis/caneta/pincel engrossado com espuma e/ou fita adesiva etc.);
- adaptação de objetivos, que se refere a ajustes no planejamento pedagógico, de forma a adequá-lo às características e condições do educando: priorizar a aprendizagem da leitura e compreensão dos textos; na escrita, iniciar com o uso de alfabeto móvel, folha/

caderno com pautas maiores; raciocínio lógico-matemático e resolução de situações-problema, por exemplo, com jogos.

Após esse percurso, fomos novamente conversar com a professora, e, ao apontarmos para ela o trabalho belíssimo que, com apoio da escola, havia realizado com seu aluno, e porque compreendíamos que ele deveria prosseguir com seus pares, ela chorou muito. Estava claro para nós que a relação de vínculo, confiança e carinho, entendida pela escola e pela professora era de proteção, tutela, que acaba sendo também um impeditivo na tomada de decisão quanto ao prosseguimento na escolarização e conseqüentemente na vida.

Dissemos a ela que o educando apresentava pensamento crítico, conhecimento de si e do mundo, com condições de resolver situações-problema; portanto, víamos que ele tinha condições de aprendizagem do conteúdo de 1º estágio da Educação Fundamental (1ª série). Como diz Lima:

> Educação por ciclos de formação é uma organização do tempo escolar de forma a se adequar melhor às características biológicas e culturais do desenvolvimento de todos os alunos. Não significa, portanto, "dar mais tempo para os mais fracos", mas, antes disso, é dar tempo adequado a todos. A idéia de ciclos confere ao processo de aprender o que ele é: um trabalho com conteúdos do assim chamado conhecimento formal, simultaneamente ao desenvolvimento de sistemas expressivos e simbólicos, à formação (aquisição, transformação e reformulação) de formas de atividade humana que levam à construção do conhecimento (atividades de estudo) e à possibilidade de, realmente, se trabalhar em nível da transformação das funções psicológicas superiores, que se

dá pela introdução e pelo processo de construção de significação de novos instrumentos culturais. (1998, p. 9-10)

Neste caso, a escola, embora não tenha buscado formas compensatórias e acreditado num trabalho com conteúdos do assim chamado conhecimento formal, por outro lado, possibilitou aprendizagens por meio das interações sociais.

No ano de 2005, a professora do 1º estágio da Educação Fundamental nos informou que o educando estava alfabetizado e freqüentando o 2º estágio.

Em 2006, fomos à escola conversar com a professora do 3º estágio. Relataram que o educando está acompanhando muito bem sua classe, está inserido nos projetos da escola como o 2º tempo (basquete) e inclusão digital (iria iniciar), porém, apontaram as dificuldades motoras e como trabalhá-las. Também nos disseram que ele é uma criança independente e mais alegre que as outras e perguntaram como fazer para que ele se sobressaia em relação aos demais. Orientamos quanto às adaptações curriculares e sobre o que significava "sobressair-se em relação aos demais", uma vez que é uma criança alegre, independente e vem se apropriando das aprendizagens.

Considerações finais

Para nós, o processo possibilitou vivenciar questões, como: o imaginário das pessoas, as atitudes, posturas, as relações com o diagnóstico e o fazer pedagógico, em relação à criança com deficiência.

Quanto aos relatórios, e falamos destes de maneira geral, sejam escolares e/ou de instituições especializadas, ainda estão centrados no paradigma da integração, pautados na reabilitação (visão médica), que enfatizam as dificuldades, neste caso, físicas e motoras, paralisando o olhar para as possibilidades da criança, reafirmando um lugar social. Nosso desafio tem sido o de extrapolar o foco clínico-individual e conciliar a dimensão institucional-social da questão educacional.

É interessante observar que o relatório da professora, mesmo apontando avanços no desenvolvimento da criança, na tomada de decisão, não reconhece, não valoriza o seu trabalho, quando toma a mesma posição (permanência), revelando o poder do parecer do especialista sobre o conhecimento da escola em relação ao educando com deficiência, modelo este introduzido pela Medicina Higienista (século XIX), citando Costa: "o controle educativo-terapêutico instaurado pela higiene iniciou um modo de regulação política da vida dos indivíduos, que, até hoje, vem se mostrando eficiente". (p. 180)

Ainda, em tempos de "travessia" (integração ⇒ inclusão), às vezes, o movimento entre o pensar e o fazer não segue os mesmos princípios.

Relatamos aqui um recorte do nosso trabalho, mas que está fundamentado nos pressupostos que norteiam todo o trabalho que traz a concepção de educação humanizadora, transformadora e, assim, inclusiva, o que significa implementar a rede de apoio, onde todos são coletivamente interdependentes e responsáveis por todos.

Referências bibliográficas

ARROYO, M. G. *Ofício de mestre – imagens e auto-imagens*. Petrópolis: Vozes, 1998.

LIMA, E. S. *Ciclos de formação: uma reorganização do tempo escolar*. São Paulo: GEDH Editora Sobradinho, 1998.

MEIRA, M. E. M. e ANTUNES, M. A. M. *Psicologia escolar: práticas críticas*. São Paulo: Casa do Psicólogo, 2003.

GÓES, M. C. R. Relações entre desenvolvimento humano, deficiência e educação: contribuições da abordagem histórico-cultural. In: OLIVEIRA, M. K.; SOUZA, D. T. R. e REGO, T. C. (orgs.). *Psicologia, educação e as temáticas da vida contemporânea*. São Paulo: Moderna, 2002.

PARÂMETROS CURRICULARES NACIONAIS - Adaptações curriculares. Brasília: MEC, 1999.

GRUPOS DE SENSIBILIZAÇÃO: UMA EXPERIÊNCIA DE IDENTIFICAÇÃO E ENVOLVIMENTO DE EDUCADORES

Maria Cláudia Leme Lopes da Silva[1]

Este texto busca relatar a experiência com um grupo de educadores da Educação Infantil. O trabalho, coordenado por mim, então psicóloga da instituição, tinha como foco a formação dos educadores, levando em consideração suas diferenças individuais, vivências anteriores, medos e angústias próprios da arte de educar de maneira integral, inclusiva.

Trata-se de uma Creche/Pré-Escola Universitária, situada dentro do *campus* de uma grande universidade brasileira, cujo atendimento é destinado aos filhos de funcionários, docentes e alunos. Na medida em que atende a essas três categorias, a heterogeneidade da população propicia a convivência entre crianças de diferentes níveis socioeconômicos. É importante ressaltar que muitos funcionários da creche mantinham seus filhos na instituição, o que, se por um lado trazia o conforto de tê-los por perto, por outro, favorecia certa mistura de papéis.

---

[1] Psicóloga, especialista em Psicanálise da Criança pelo Instituto Sedes Sapientiae, mestre em Educação pela Faculdade de Educação da USP e diretora da Escola Lumiar.

A creche tem como proposta respeitar o direito da criança à brincadeira, atenção individual, ao afeto, ambiente seguro e desafiante, saúde e alimentação, desenvolvimento de suas capacidades físicas, cognitivas, emocionais e sociais, à expressão de sentimentos e ao desenvolvimento de sua identidade cultural. Ou seja, busca promover o acesso à cultura, a produção do conhecimento e a formação para a cidadania. É um projeto que respeita suas crianças e valoriza seus funcionários oferecendo condições de formação e desenvolvimento profissional em um ambiente, quando possível harmonioso, ou em que os conflitos podem ser explicitados e elaborados.

Ambiente fruto de uma construção coletiva, um processo de todo o grupo, a equipe de coordenação é composta por uma diretora, uma pedagoga e uma psicóloga, além de 25 educadores, auxiliares de enfermagem, secretária, equipes de cozinha, limpeza e manutenção.

Na creche, sempre entendemos que, para falar de educação inclusiva de modo geral, era preciso falar de um ambiente onde as relações humanas fossem valorizadas, as necessidades, acolhidas, e que todos, incluindo crianças e adultos, se sentissem reconhecidos e participantes do processo.

Aconteciam reuniões em diferentes formatos. Algumas, com todo o grupo, incluindo as diversas equipes, aconteciam uma vez por mês nas Formações em Serviço, quando a creche não recebia crianças, e dedicava um dia inteiro para reflexão da prática. Semanalmente eram realizados encontros com os educadores que, na maioria das vezes, eram divididos pela faixa etária das crianças atendidas: um grupo trabalhava com crianças de 0 a 3 e o outro com crianças de 4 a 6. Essas reuniões eram coordenadas pela psicóloga ou pela pedagoga, que se revezavam nas reuniões com o intuito de ampliar as diferentes visões . As discussões estavam sempre centradas nas necessidades, nos problemas e caminhos possíveis sobre as questões das crianças.

Em 1999, antes da chegada de crianças deficientes na creche, o grupo se perguntava se a falta de demanda devia-se ao fato das pessoas não se sentirem autorizadas. Ainda que não houvesse uma explicação para a ausência dessas crianças, ficou decidido que iniciaríamos um processo de discussão a respeito da inclusão, entendendo que exatamente por não se tratar ainda de algo concreto, todos se sentiriam mais livres para falar das possíveis dificuldades de lidar com a questão. O desencadeamento da discussão nessas reuniões deu a impressão de que abriu portas antes fechadas. Parecia que as situações estavam sendo preparadas e articuladas, pois, dois meses depois, a creche fazia a matrícula de uma criança que tinha deficiência múltipla, marcando definitivamente o início de um movimento em que o dia-a-dia passava a ser repensado e reestruturado sob a ótica da inclusão.

Porém, isso ainda não era suficiente; percebíamos que faltava algo na articulação do grupo. Era preciso um movimento de apropriação da idéia de inclusão, para que mudanças efetivas pudessem ser realizadas. Na medida em que as dificuldades surgiam, percebíamos que muitas idéias e sentimentos se misturavam. As pessoas precisavam falar de seus medos, de suas experiências anteriores, do que paralisava ou impulsionava. Só assim poderiam sentir-se parte integrante do processo, assumir para si o desafio e ao mesmo tempo sentirem-se acolhidas. Isso requer disponibilidade do grupo de abarcar o individual na busca da construção de um coletivo. O espaço escolar ganha identidade a partir de reflexões e discussões de princípios e valores entre parceiros, cria-se uma identidade grupal e em paralelo lança-se um grande desafio que é garantir a singularidade das pessoas incluídas no coletivo.

Percebe-se, inúmeras vezes, a mesma situação contada e interpretada de diferentes maneiras e essa riqueza precisa ser conservada na instituição para não correr o risco de uma homogeneização que apaga lentamente as marcas individuais. A memória oral do grupo de funcionários da creche precisava ser resgatada, as narrativas pessoais precisavam encontrar espaço para aparecer, o grupo tinha o que dizer, queria contar sua história. Quando esse espaço de escuta se abre, muitas transformações vêm à tona. O envolvimento dos profissionais passa a ser outro quando se enxergam como pedaços da história, quando percebem que o grupo existe na medida em que sua contribuição aparece.

Nas reuniões semanais com os educadores, tínhamos como objetivo discutir as relações no grupo e algumas situações individuais que requisitavam atenção diferenciada. Nesses encontros, eu observava certa dificuldade de alguns educadores em lidar com determinadas histórias que aconteciam com as crianças ou mesmo com os pais. As dificuldades eram de ordens diversas: jogos sexuais entre crianças, dificuldades no momento de adaptação, a separação mãe/bebê, a forma de lidar com as diferenças sociais, relacionamento com mães funcionárias da própria creche, a relação com os pais docentes da universidade, a colocação de limites na instituição, a questão das necessidades educacionais especiais e outras tantas. Ainda que todos os temas fossem focados nas reuniões entre educadores e psicóloga, alguns pontos pareciam ser repetições de situações já vividas, algumas questões transbordando os limites individuais e sendo legitimadas como formas de leitura da instituição, muito claras em comentários como "não tem jeito, aqui é assim" ou "essa é a filosofia da creche". Repetiam-se falas defensivas, não se falava sobre sentimentos.

Era necessário pensar uma alternativa que possibilitasse e favorecesse o posicionamento individual, um lugar de escuta, pensando que um ambiente inclusivo se forma a partir do reconhecimento das necessidades de todos que ali convivem. Ou seja, era necessária a criação de um espaço que fosse continente a todos esses sentimentos, concepções de criança e educação, divergências e valores.

Essas observações foram discutidas pela equipe de coordenação e, dessas discussões, surgiu a idéia da formação de um grupo de sensibilização, com o objetivo de conhecer e compreender a forma como lidamos com algumas questões que permeiam as relações humanas, visando uma melhoria das relações da creche. O nome foi escolhido, pois partiria da proposta de sensibilizar o grupo para abertura do processo de reflexão, de possibilitar a circulação de vários discursos, a ventilação de idéias por vezes paradas, circulação do universo de representações e afetos, como ponto de partida para mudanças efetivas nas ações com as crianças.

> As modificações sofridas por um grupo podem provocar modificações em outros grupos da instituição, sem que esses outros tenham sido tocados ou mencionados, já que a instituição está sendo encarada como uma rede de relações interligadas e em constante movimento, na qual a mudança de um elemento provocará uma alteração na posição dos demais. Se há mudanças em grupo de professores, essas mudanças poderão transbordar para o grupo de crianças. (Kupfer, 2000, p. 137)

Reservamos as reuniões semanais para a realização dos grupos de sensibilização, que foram organizados de acordo com a divisão já proposta pela creche: a faixa etária das crianças atendidas. No primeiro encontro, fiz a proposta do novo trabalho, sensibilização do que nos era desconhecido. Discutimos um pouco as possibilidades desse formato, e propus um primeiro tema que foi disparador dos encontros seguintes. O tema era separação, e gerou discussões sobre os sentimentos vividos na adaptação, como, por exemplo, as dificuldades que encontravam na relação das mães funcionárias da creche com seus filhos – quando o grupo de crianças passa a ter outro educador, a relação com o antigo às vezes gera ciúmes... Era muito interessante porque fomos vendo várias situações em que o educador sentia-se paralisado, não podendo colocar-se como continente para a família em momentos de despedida. Falar dessa impossibilidade foi trazendo à tona aspectos que envolviam a relação com as famílias que não nos dávamos conta; alguns eram "escolhidos" como aqueles que precisavam de proteção; parecia ser mais possível compreender a dor da separação na vivência de alguns e não na de outros. Uma das educadoras mais antigas da creche havia vivido problemas na readaptação de uma criança de 2 anos. Mario, após ter freqüentado a creche por um período de um ano, ao regressar das férias, não podia se separar de seu pai. Importante ressaltar que essa criança sempre veio à creche somente com o pai; apesar de insistentes convites das educadoras, a mãe nunca pôde comparecer. Esse fato por si só já gerava uma postura diferenciada com relação a essa família. Havia quase que um consenso de que esse pai devia ser mais "protegido" pelas "mulheres da creche". Consenso não explícito, não consciente, mas ali presente circulando de forma não dita pelo grupo. Mario não podia deixar seu pai ir trabalhar. Pai e filho eram invadidos por uma angústia que os impedia de se separarem. Eram momentos delicados, e o que vimos era que nossa educadora também era invadida por essa angústia, o que a paralisava, impedido-a de ser um continente para essa dupla. Numa das situações, ao ver lágrimas nos olhos do pai, emocionou-se também e não conseguiu segurar a criança como era sua intenção. Todo o grupo pôde refletir sobre as questões que esse pai suscitava. Além de parecer ser um homem cuja mulher não estava perto para apoiá-lo, havia outro ponto interessante que certa forma mobilizava algumas educadoras: ainda que docente, sempre se mostrou "humilde", educado com todos. A relação com alguns docentes nem sempre era fácil. Por considerarem que eles eram privilegiados na estrutura universitária, fantasiavam não serem muito valorizadas pelos docentes e diziam que muitos nem as chamavam pelo nome. Havia uma reprodução da cisão de classes sociais na universidade, que estava presente na creche até então de forma meio velada. Os filhos das educadoras que freqüentavam a creche geravam a sensação de que suas mães estavam constantemente à espreita. Uma funcionária realmente vigiava seus filhos a todo o momento. Tentava manter o controle das crianças, ainda que elas estivessem inseridas em um grupo, com um educador responsável. Tal atitude gerava desconforto; as educadoras sentiam que não haviam estabelecido um vínculo de confiança com essa mãe. Outras fantasias circulavam em torno da criança cuja mãe trabalhava na creche; era difícil para os educadores promover a separação quando se encontravam no meio do pátio, pois poderiam estar contrariando o desejo da mãe, portanto, aborrecê-la, ou seja, criar uma indisposição com uma colega de trabalho. O tema separação também abriu a possibilidade de falarmos do medo da perda. Trabalhávamos com uma criança com múltiplas deficiências, vivíamos momentos em que as convulsões faziam parte do cotidiano de alguns educadores. Ter condições para expressar essa aflição, ou até mesmo falar da dificuldade de lidar com a situação, das fantasias de morte, trouxe de certa forma um alívio e a sensação de que o grupo estava ali como apoio.

A partir das primeiras reuniões, passou-se a criar uma nova demanda; apareceram sugestões de temas a serem abordados, como, por exemplo, a forma como os limites deveriam ser marcados para as crianças, pois havia muitas fantasias relacionadas a isso. Ninguém tinha clareza de como tinham surgido, mas perpassavam todos. A referência utilizada era a prática daqueles que já trabalhavam, e havia um receio não explícito sobre o que o grupo pensava de cada um que chegava, se o grupo ia ou não recriminar a postura profissional, pois existia a intervenção de educadoras antigas com colocações que de certa forma engessavam a prática: "aqui é assim mesmo, as crianças da creche são assim...". Quando começamos a tentar "desconstruir" essas falas, foi muito curioso, porque ninguém sabia que filosofia se usava com referência; a fala de que é assim e não pode mexer incomodava a maioria, mas ninguém até então se sentia confortável para dizer. Outro ponto que apareceu foi a questão das parcerias, a relação próxima entre educadores de um mesmo grupo, as dificuldades inerentes a essa proximidade, os estereótipos que alguns educadores carregam. Cabe à equipe de coordenação escolher as duplas, ou quadras de educadores que trabalharão com um determinado grupo. Essa escolha é sempre anunciada no final do ano e, em geral, causa muita expectativa. Alguns profissionais são considerados bons parceiros, ativos, criativos e fáceis no relacionamento, outros, nem tanto; carregam a fama de serem difíceis de relacionar, de serem um pouco lentos, desorganizados, ou mesmo desatentos com as crianças. Os comentários que corriam silenciosamente pelos corredores puderam ser verbalizados; alguns educadores conseguiram dizer do incômodo que sentiam em carregar um estereótipo ao qual não sentiam que faziam jus. Outros reconheceram que tinham preconceitos relacionados a determinadas pessoas que puderam ser revistos no dia-a-dia.

Algumas dessas reflexões acabaram provocando ações, como, por exemplo, reuniões de apresentação dos educadores logo no início do ano, procurando estabelecer nesse primeiro contato vínculos que diminuíssem aquela sensação de desvalorização. A relação com as mães funcionárias, alvo de muitos questionamentos, acabou por gerar um movimento das creches da mesma rede, no sentido de que os filhos não freqüentem a mesma instituição que a mãe. A questão de colocação de limites e a tal filosofia da creche que ninguém sabia bem como explicitar deu início a um grande trabalho com a pedagoga sobre o ambiente sociomoral, com seminários dados pelos educadores, leituras de textos... A visualização das dificuldades nas relações com pais docentes, com certos parceiros de trabalho, da mistura de sentimentos que surgem nos momentos de separação entre mãe e bebê, ou em famílias mais "queridas", abriu possibilidades de mudanças nas relações e no envolvimento com o trabalho.

O que considero significativo nesse trabalho foi a possibilidade de ter uma escuta e cuidado com as questões dos educadores. O ambiente é inclusivo na medida em que acolhe todos, e esse foi exatamente um movimento de acolhida, uma possibilidade de troca de experiências, entendendo que o educador necessita sentir-se verdadeiramente parte do processo, respeitado, ouvido, incluído.

Ao considerarmos a especificidade das instituições de Educação Infantil, algumas características merecem atenção especial. Em primeiro lugar, é um trabalho cujo alvo são crianças de 0 a 6 anos, bem pequenas e dependentes dos adultos. Isso coloca ênfase na necessidade inadiável da confiança e do cuidado nas relações. Muitas crianças ainda não são capazes de dizer o que sentem e o que necessitam; é preciso uma atenção especial para entender as formas de expressarem suas necessidades. Se queremos atender as crianças, precisamos de acolhimento entre os adultos que trabalham com elas. (Sekkel, 2003, p. 162)

Os grupos de sensibilização ocorreram no período de um ano. Após as férias, houve uma interrupção e, depois disso, enviamos uma pesquisa para avaliar a necessidade de se retomar a proposta com as seguintes questões:

— Estamos pensando em encontrar um horário alternativo para continuarmos mantendo os encontros dos grupos de sensibilização. O que você acha?

— Como você avalia os encontros ocorridos nos últimos meses?

As respostas foram, em sua maioria, no sentido de manter os grupos:

Para mim, os encontros têm sido enriquecedores, já que os mesmos dão abertura a assuntos que permitem as pessoas refletirem. Dão espaço para que as pessoas resgatem emoções, sentimentos, vivências e compartilhem com os outros, havendo não apenas uma troca de informações formais, mas sim conteúdos que nos ajudam a lidar com situações que irão contribuir não somente nas relações profissionais, mas também no crescimento da pessoa como indivíduo...

Acho que mantermos os encontros será de grande importância para todos nós. Colaborando não apenas para o crescimento profissional, mas também para o crescimento pessoal.

Foi muito bom refletir sobre o tempo, as adaptações, as ações das mães educadoras e sobre nossas ações em relação aos filhos dos funcionários...

Acho interessante darmos continuidade aos encontros de sensibilização. O tema principal desses encontros foi como as relações afetivas e de amizade podem ser vistas e interpretadas dentro do nosso ambiente de trabalho por pais, crianças e funcionários. Essas reflexões me sensibilizaram muito, ia para casa pensando. Essas questões pareciam passar despercebidas, por isso, acho que daqui um tempo poderemos retomar essas discussões...

Os encontros dos grupos de sensibilização nos despertaram para reflexão sobre alguns temas que até então faziam parte de nossa rotina e não dávamos a devida importância. Por tanto, acredito que é de máxima relevância encontrar um espaço para esses encontros...

Percebemos que criar espaços para o educador se sentir acolhido é tarefa fundamental na construção do ambiente escolar inclusivo. Abrir um canal para falar de angústias, medos, fragilidades, fantasias, criou no grupo um forte processo de identificação. A troca de experiências gerou clima de maior confiança no ambiente, um ambiente que provê cuidado e acolhimento para todos os atores: além das crianças, educadores, funcionários e pais.

Referências bibliográficas

KUPFER, M. C. *Educação para o futuro: psicanálise e educação.* São Paulo: Escuta, 2000.

SEKKEL, M. C. *A construção de um ambiente inclusivo na Educação Infantil: relato e reflexão sobre uma experiência.* Tese de Doutorado apresentada ao Instituto de Psicologia, Universidade de São Paulo, 2003.

A EXPERIÊNCIA DO GRUPO PONTE NA INCLUSÃO ESCOLAR DE CRIANÇAS COM TRANSTORNOS GRAVES

Marise Bartolozzi Bastos[1]

O Grupo Ponte é uma equipe de profissionais, composta por psicólogos escolares, psicanalistas e pedagogos, que atua na inclusão escolar das crianças atendidas na Associação Lugar de Vida – Centro de Educação Terapêutica.

O Lugar de Vida[2] é uma instituição que oferece atendimento interdisciplinar integrado – psicoterapêutico, fonoaudiológico e educacional – para crianças autistas, psicóticas e neuróticas graves. É um centro de referência para profissionais das áreas de saúde mental e educação pelas pesquisas que desenvolve e pelo tratamento que oferece a crianças com distúrbios graves no desenvolvimento.

O objetivo do trabalho clínico desenvolvido no Lugar de Vida é criar condições para uma efetiva inserção social dessas crianças gravemente comprometidas e que se encontram fora da escola por apresentarem sérios comprometimentos no processo de constituição subjetiva. Para realizar seu trabalho, o Lugar de Vida lança mão de um dispositivo institucional que tem como

---

[1] Psicanalista e membro da Associação Lugar de Vida.

[2] De 1991 até julho de 2007, a instituição funcionava como um serviço do Instituto de Psicologia da USP com o nome de Pré-Escola Terapêutica Lugar de Vida.

eixo o atendimento das crianças em grupos, como tentativa de promoção do laço social.

O trabalho realizado na instituição é norteado pelos princípios da educação terapêutica (Kupfer, 2000), termo que se refere um tipo de intervenção junto a essas crianças com problemas de desenvolvimento. É um conjunto de práticas interdisciplinares de tratamento, com especial ênfase nas práticas educacionais, que visa à retomada do desenvolvimento global da criança, ou à retomada da estruturação psíquica interrompida, ou à sustentação do mínimo de sujeito que uma criança possa ter construído.

Um dos eixos da educação terapêutica é justamente a inclusão escolar.

Com a inclusão, faz-se uma aposta no poder subjetivante dos diferentes discursos que são postos em circulação, no interior do campo social, com o intuito de assegurar, sustentar ou modelar lugares sociais para as crianças, levando em conta que, nesse sentido, os discursos em torno do escolar são particularmente poderosos. Uma designação de lugar social é especialmente importante para as crianças que enfrentam dificuldades no estabelecimento do laço social, como é o caso das crianças psicóticas ou com transtornos graves. Mesmo decadente e falida na sua capacidade de sustentar uma tradição de ensino, a escola pode ser uma instituição poderosa quando lhe pedem que assine uma certidão de pertinência. "(...) a escola não é socialmente um depósito como o hospital psiquiátrico, a escola é um lugar para entrar e sair. É um lugar de trânsito (...) por onde circula (...) a normalidade social" (Jerusalinsky, 1999, p. 150).

Para o ingresso e a manutenção da criança na escola, o Lugar de Vida conta com o Grupo Ponte que acompanha a entrada da criança na instituição escolar e faz o acompanhamento dessa escolarização, dando o suporte necessário ao trabalho dos educadores que precisam sustentar uma função de produzir enlace, em acréscimo à sua função pedagógica.

O Grupo Ponte inicia seu trabalho de inserção escolar da criança, realizando um trabalho prévio com os pais para auxiliá-los na elaboração de suas angústias diante da ambivalência que vivem em relação ao ingresso desse filho na escola. A equipe parte, então, de uma elaboração da demanda de escola vinda dos pais, para, num segundo momento, iniciar a busca de uma instituição escolar que possa receber essa criança.

Com a entrada da criança na escola, inaugura-se uma nova etapa no trabalho clínico, que será acompanhada de perto pelos profissionais que integram a equipe do Grupo Ponte.

Nessa "travessia", da instituição de tratamento para a escola regular, todas as crianças acompanhadas pelo Grupo Ponte continuam tendo o atendimento clínico dado pelos profissionais da instituição; além disso, passam a ser acompanhadas por um membro da equipe do Ponte, que fará visitas regulares à escola e manterá contato com os pais, com os professores e com a criança para tratar de tudo aquilo que diz respeito às questões ligadas à escola.

Além de visitas periódicas às escolas, o Grupo Ponte oferece uma reunião mensal aberta à participação de professores, coordenadores e diretores, visando à criação de um espaço de interlocução e discussão entre os educadores que se engajam nesse processo de inclusão escolar das crianças.

Essas reuniões mensais são abertas a todos os educadores que tenham interesse em discutir as questões sobre o tema da inclusão escolar e contam com a participação de todos os membros da equipe do Grupo Ponte. Como a participação e a freqüência são livres, a cada novo encontro, o grupo assume uma diferente configuração.

A dinâmica das reuniões é bastante informal, e todos podem ter acesso à palavra, após a apresentação inicial de cada participante, que é feita a cada encontro.

Nessa apresentação, todos os presentes falam, brevemente, do trabalho que desenvolvem, se estão trabalhando com alguma criança do Lugar de Vida e qual o motivo de seu interesse em participar dessa reunião. Ao final da rodada de apresentação, é dada a palavra aos professores que trabalham com as crianças do Lugar de Vida para que falem sobre suas dificuldades e inquietações diante dessas crianças.

É importante notar, como antes assinalado, que os professores já contam com os profissionais do Grupo Ponte nas visitas periódicas que fazem à escola, podendo tratar das dificuldades que enfrentam com a criança. Desse modo, falar do trabalho que estão desenvolvendo com esse aluno, na reunião de professores, parece cumprir algumas outras funções.

Nos relatos que os professores fazem de seu trabalho, é comum manifestarem-se surpresos em relação às mudanças que observam em seus alunos e as quais não avaliam como um efeito do trabalho que estão desenvolvendo com a criança.

Eu não sei o que eu fiz, mas eu vejo que ele (a criança) mudou; às vezes, eu lembro que quando essa criança entrou na escola ela nem falava, não sei dizer o que eu ensinei para ele, mas sei muito bem o quanto ele me ensinou.

Vê-se aqui a importância de o professor poder resgatar e se apropriar do trabalho que desenvolve com a criança, através do relato que é convidado a fazer diante do grupo de professores.

É assim que, não por acaso, pede-se ao professor que conte sobre seu trabalho com a criança desde o ingresso dela na escola, pois ao retomar o relato sobre o já vivido, o professor passa a se dar conta do caminho trilhado podendo ressignificar para si mesmo o percurso de seu fazer pedagógico.

No Lugar de Vida, entende-se o trabalho institucional como uma rede de linguagem, na qual se localizam diferentes níveis de estruturas discursivas: o das crianças, o dos pais, o da equipe e o dos professores.

A circulação discursiva entre os professores, os profissionais da equipe, as crianças e seus pais pode ser analisada nas reuniões semanais da equipe do Grupo Ponte, quando se tem a oportunidade, com a discussão do acompanhamento de cada criança, de observar e analisar os deslocamentos produzidos tanto nos professores quanto nas crianças.

Pode-se dizer que a fala dos professores que trabalham com as crianças, ao ser tomada como um discurso, que dirigido ao outro produz laço social, favorece a manutenção da transferência com o trabalho institucional como um todo, propiciando deslocamentos do discurso pedagógico tradicional e auxiliando o professor a se apropriar de outras posições discursivas.

A partir das inquietações que os professores apresentam, busca-se com essa escuta que eles possam desdobrar suas queixas em torno das causas que levam a seu mal-estar, procurando o sentido dessas causas e produzindo novas significações a partir desses questionamentos.

Nesse sentido, vale pensar que aquilo que insiste na fala de um grupo não deve ser tomado no âmbito da singularidade de um sujeito, mas como produto da rede discursiva que permeia todo o grupo.

Ao tomar o grupo de professores como uma rede discursiva, pode-se analisar o tipo de laço social que aí comparece e os diferentes efeitos produzidos nos sujeitos desse processo. Portanto, se o grupo é suposto como uma estrutura discursiva, o que está em jogo é a relação de fala, e não a relação entre as pessoas. Isso permite trabalhar com os grupos numa referência à linguagem, ao estatuto da lei e, portanto, à castração e à separação.

A articulação da clínica ampliada praticada no Lugar de Vida, com essa concepção de trabalho com grupos, parece bastante oportuna porque possibilita a consideração dos aspectos coletivos e do particular em uma mesma estrutura.

Portanto, uma clínica ampliada fundamentada em conceitos psicanalíticos, que privilegia o sujeito, só pode se sustentar nesse lugar resgatando as leis que regem o significante e operando com as produções discursivas, a fim de produzir novos efeitos.

Se, num primeiro momento, os professores buscam as reuniões do Grupo Ponte com uma expectativa explícita de que receberão ali algum tipo de ajuda que os auxilie na tarefa de trabalhar com esses alunos "diferentes", mesmo sendo essa uma demanda imaginária, o trabalho de escuta certamente oferece outra coisa. Em vez de respostas que obturem e fechem as interrogações, acena-se ao professor com a possibilidade de que fale de sua experiência e faça interlocução com seus pares, e, desse modo, é possível uma circulação discursiva que tira o educador do lugar de queixa e impotência e o põe a se interrogar sobre sua prática.

Se a direção do tratamento com essa criança é pensada enquanto educação terapêutica, visando seu possível ingresso na escola regular, é inevitável incluir os professores no trabalho institucional.

A experiência do Grupo Ponte aponta ser possível desenvolver um trabalho com os professores composto pela escuta psicanalítica e por intervenções específicas, com o objetivo não só de localizar a posição do aluno na estrutura discursiva da escola, como também de obter deslocamentos nas posições subjetivas dos professores em relação à problemática de seus alunos. A parceria com os educadores é peça fundamental nesse trabalho de inclusão escolar como ferramenta terapêutica no tratamento de crianças com distúrbios graves.

Referências bibliográficas

KUPFER, M. C. M. *Educação para o futuro*. São Paulo: Escuta, 2000.

JERUSALINSKY, A. et al. *Psicanálise e desenvolvimento infantil*. Porto Alegre: Artes e Ofícios, 1999.

SOBRE OS AUTORES

Cíntia Copit Freller
Psicanalista, doutora em Psicologia pela USP, psicóloga do Instituto de Psicologia da USP, membro do Laboratório de Estudos sobre o Preconceito do IPUSP (LaEP) e da Associação Lugar de Vida.
E-mail: cintia@freller.net

Cisele Ortiz
Psicóloga especializada em Educação Infantil. Professora, coordenadora e diretora de Educação Infantil por 15 anos. Participou da equipe técnica da Secretaria do Menor/SP no programa CCI – Centro de Convivência Infantil. Foi coordenadora do programa Nossas Crianças da Fundação Abrinq e, desde 1996, coordena o Instituto Avisa Lá – ONG dedicada à formação continuada de educadores de creches, Pré-Escola e séries iniciais do Ensino Fundamental.
E-mail: cisele@uol.com.br

Flávia Beillo Menaldo Cintra
Pedagoga, pós-graduada em Psicopedagogia. Coordenadora pedagógica da Educação Infantil e do Ensino Fundamental I, da Unidade II do Centro de Ensino São José.
E-mail: flaviamenaldo@bol.com.br

MARIA CLAUDIA LEME LOPES DA SILVA

Mestre em Educação pela USP. Fez cursos na área da Psicanálise na New School University em Nova York, e, formação Psicanalítica pelo Instituto Sedes Sapientiae em São Paulo. Psicóloga formada pela PUC. Trabalhou na equipe de coordenação da Divisão de Creches da Coseas/USP durante 10 anos. Foi Diretora da Lumiar, escola inovadora de orientação humanista. Atualmente é orientadora na Escola Carandá e atua como consultora no Programa Escola Brasil do Banco Santander, voltado para a melhoria da escola pública.
E-mail: cacaulls@uol.com.br

MARIA CECÍLIA RAMOS DA SILVA SANTOS

Psicóloga formada pela Universidade de Guarulhos. Coordenadora do Núcleo de Apoio Educacional Prof.ª Alice Ribeiro da Secretaria Municipal de Educação de Guarulhos. Co-autora do artigo "Inclusão: processo de elaboração e implementação de ações visando ao acesso e permanência de crianças e jovens com necessidades educacionais especiais na rede de ensino de Guarulhos". Co-autora do capítulo "A Psicologia Escolar na educação inclusiva" no livro *A Psicologia Escolar na implementação do projeto político-pedagógico da rede municipal de ensino de Guarulhos:* construindo um trabalho coletivo (Casa do Psicólogo, 2003).
E-mail: cacau@lumiar.org.br

MARIA LETÍCIA B. P. NASCIMENTO

Professora doutora da Faculdade de Educação da Universidade de São Paulo (FEUSP), onde trabalha com as disciplinas Educação Infantil e Educação Infantil e Sociedade, no curso de graduação em Pedagogia, e com a disciplina Sociologia da Infância e Educação Infantil, na pós-graduação.
E-mail: letician@usp.br

Sobre os autores

MARIAN A. L. DIAS FERRARI

Psicóloga, doutora em Psicologia pelo IPUSP, professora do curso de Psicologia da Universidade Presbiteriana Mackenzie e professora da disciplina Psicanálise, Educação e Cultura na FEUSP. Membro do Laboratório de Estudos sobre o Preconceito do IPUSP (LaEP).
E-mail: mariandias@uol.com.br

MARIE CLAIRE SEKKEL

Doutora em Psicologia, docente do Instituto de Psicologia da USP, é coordenadora do Laboratório de Estudos sobre o Preconceito do IPUSP (LaEP).
E-mail: claire@sekkel.com

MARISE BARTOLOZZI BASTOS

Psicanalista, doutoranda do IPUSP, membro da Associação Lugar de Vida e do Departamento de Psicanálise do Instituto Sedes Sapientiae e co-autora dos livros: *Travessias – inclusão escolar* (Casa do Psicólogo) e Figuras *clínicas do feminino no mal-estar contemporâneo* (Escuta). Editora executiva da revista *Estilos da Clínica*/IPUSP.
E-mail: marisebastos@uol.com.br

MARLI DOS SANTOS SIQUEIRA

Psicóloga formada pela Universidade de Guarulhos. Coordenadora do Núcleo de Educação Inclusiva da Secretaria Municipal de Educação de Guarulhos. Co-autora do artigo "Inclusão: processo de elaboração e implementação de ações visando ao acesso e permanência de crianças e jovens com necessidades educacionais especiais na rede de ensino de Guarulhos". Co-autora do capítulo "A Psicologia Escolar na educação inclusiva" no livro *A Psicologia Escolar na implementação do projeto político-pedagógico da rede municipal de ensino de Guarulhos: construindo um trabalho coletivo* (Casa do Psicólogo, 2003).
E-mail: marlisiqueira@guarulhos.sp.gov.br

RICARDO CASCO

Graduado em Educação Física e mestre em Psicologia Escolar pela Universidade de São Paulo. Doutor em Educação pelo Programa de Estudos Pós-Graduados em Educação - História, Política, Sociedade da Pontifícia Universidade Católica de São Paulo. Membro do Laboratório de Estudos sobre o Preconceito do IPUSP (LaEP).

E-mail: r.casco@uol.com.br

RINALDO VOLTOLINI

Psicanalista, professor de Psicanálise e Psicologia da FEUSP, doutor em Psicologia pelo IPUSP, pós-doutorado em Psicogênese, Psicopatologia e Psicanálise pela Université Paris XIII e co-editor da Revista *Estilos da Clínica*.

E-mail: rvoltolini@usp.br

SILVANA LUMIKO YAMABUCHI

Terapeuta ocupacional formada pela Faculdade de Medicina da Universidade de São Paulo (FMUSP). Integrante do Núcleo de Educação Inclusiva da Secretaria Municipal de Educação de Guarulhos.

E-mail: silvana_to@ig.com.br

SOLANGE APARECIDA EMÍLIO

Psicóloga e grupoterapeuta; mestre em Distúrbios do Desenvolvimento e doutora em Psicologia Escolar e do Desenvolvimento Humano; supervisora em Psicologia Escolar Institucional; professora responsável pela área de Psicologia Geral do curso de Psicologia da Universidade Presbiteriana Mackenzie; docente e supervisora dos cursos de especialização em coordenação de grupos e grupoterapia do NESME e da SPAGESP.

E-mail: solange.emilio@terra.com.br